圖卡創意法則

一觸發全方位創新思考

- 思維訓練
- 角色轉換
- 拆解概念

「靈感」不是天外飛來，
練習在不同情境中都有神來一筆的創新思維！

逆向思考、多角度聯想、拆解問題……

將靈感化為具體步驟的
超實用「創意思考法」！

張燕玲　郭蓋　范一葉　著

目 錄

✹ 內容簡介　　　　　　　　　　　　　005

✹ 轉場的邀請　　　　　　　　　　　　007

✹ 序 Preface　　　　　　　　　　　　009

✹ 第一章　踏上創意之路　　　　　　　017

✹ 第二章　十大通用創意法則　　　　　029

✹ 第三章　文字的創意遊戲　　　　　　087

✹ 第四章　圖像裡的創新密碼　　　　　115

✹ 第五章　鍛鍊創意的五大工具　　　　149

✹ 第六章　創意的六大隱藏金鑰　　　　183

✹ 後記　　　　　　　　　　　　　　　203

目錄

內容簡介

如何輕而易舉就想到好點子？如何讓創意有效發揮實際效果，真正解決問題？如何透過創意提升美感與社交能力？如何讓想創意點子的過程變得更加有序、專業化？什麼創意才是好的創意？每個創意都可能會遇到什麼「陷阱」？

作為一本易學易用的創意實務操作工具書，本書圍繞創意策劃的通用性、文案、視覺及鍛鍊創意的工具四大板塊，提供 30 餘種實作法則，並搭配大量生動有趣的案例、工具清單、避開陷阱指南，可謂圖文並茂，能讓你熟練掌握創意生成的步驟及策略。

本書適用於所有與創意相關的工作者，包括自媒體營運、產品營運、活動策劃、企業文化行政人員、影視策劃／製作、編劇、脫口秀演員、文案策劃等。

內容簡介

轉場的邀請

謝謝你

放下重複的日常

穿越真實中拉雜的縫隙

到創意的內部與我相見

在這裡

釋放更廣闊的允許

拆卸語言零件的碎片

灑進萬花筒的底部

在轉動的結構裡

將時間揉碎

把過去和未來帶回現在

將規則溶解

感受合理與荒謬的混合折射

朋友

邀你一起

褪去精巧粉飾的殼

在忙碌繁冗中留白

在稀鬆平常中覺醒

轉場的邀請

讓我們

打開心的通道

轉場去下一個空間

跟著波紋流淌

來場重構的遊戲

在最普通的生活細節裡

開發理解世界的另一種方式

創造意義的狂喜

序 Preface

感恩遇見,很高興認識你。

這是一本創意工具書,又不僅僅是一本創意工具書。

2023 年,ChatGPT 的出現,快速衝擊著各個行業。麥肯錫全球研究院(McKinsey Global Institute)〈人工智慧尖端紀錄:人工智慧對全球經濟影響的模擬計算〉中預估,到 2030 年,人工智慧將取代 4 億～ 8 億個工作職位。人工智慧的急速發展,迫使我們不得不思考:「未來已來,人到底需要具備什麼能力才能不被取代?」答案是具備創新思維和解決問題的能力。因為隨著技術的不斷進步,人們需要不斷地適應和應對新的挑戰。如果一個人沒有創新思維和解決問題的能力,即便有先進技術和工具的加持,也難以應對真實社會中的各種挑戰。

所以,尋求新解決方案已不是錦上添花的事情,而是我們每個人不得不具備的生存能力。

看待一件事,你有沒有新的解讀視角?

接到一項任務,你有沒有新的做法?

出現一場意外,你有沒有新的應急方式?

面對一段關係,你有沒有新的相處之道?

序 Preface

每天 24 小時，你有沒有新的活法？

⋯⋯

如果說每天忙忙碌碌的你我，是一個只在慣性驅動下旋轉的陀螺，那麼這些越來越頻繁的外在變動，就是改變陀螺旋轉方向的重要外力，它把我們從慣性中搖醒，並強行啟動我們尋求新解決方案的生命力。這些變化，無一不在告訴我們 ── 打破思維定式，在今天是如此重要的一件事，而創意是最能打破思維定式的能力。

什麼是創意？

創意，就是創造新的意義結構的過程。

什麼是創意能力？

創意能力，即對已有的意義主體結構進行拆解，並對拆解出的意義元素進行重新排列組合，形成新的意義主體的能力。

如何擁有這種創意能力？

找到對的方法 + 不斷刻意練習。

我大學畢業於廣告學系，研究所讀的是傳播學相關的符號學。讀書時很懵懂，不知道符號學這個學科對我今後的工作和生活有什麼用處，只記得那時候埋頭閱讀了大量符號學相關書籍，囫圇吞棗，半懂不懂。這麼多年過去了，我越來越深刻地體會到，當時學的符號學，尤其是其中的結構主

義和解構主義,為我日後工作中思考方式的形成,奠定了重要基礎。工作中,我會接觸非常多新任務和新挑戰,每當這種時候,我都會像個尋寶的孩子,帶著一顆輕盈躍動的好奇心,滿心歡喜地去思考這件事情的底層結構是什麼,很快就能從自己曾經經歷的熟悉領域中,找到同構的思路,因此解決難題就成為一件快樂的事,並且,我也習慣性地會從自己做過的每件事中總結規律,萃取結構,這常常讓我事半功倍。

本書會去拆解每個創意方法背後的結構,力求讓你藉助這種結構框架,輕鬆擁有一種有彈性的思維能力。

看到這裡,你是否對「創意」有了新的認知?

(1) 尋求新解決方案的能力很重要,可以從鍛鍊思維彈性做起。

(2) 在工作中,我們可以從提升創意能力入手,以獲得這種思維彈性。

(3) 創意,就是創造意義的過程,就是解構、重構意義結構的過程。

(4) 我們為你提供了一種輕鬆快速提升創意能力的方法 —— 拆解創意作品的底層結構。

(5) 在創意的實際應用中,你可以多運用「解構—重構」這種方式,創作自己的作品。

序 Preface

　　這本書的完成，離不開兩位非常優秀的同事的支持，也就是本書另外兩位作者——郭蓋、范一葉。郭蓋古靈精怪，聰慧可人，不僅創意滿滿，而且喜愛畫畫，還記得我剛遇見她時，就被她的作品深深打動了。本書所有配圖都由郭蓋創作，相信在接下來的閱讀旅程中，你會感受到她筆下那撲面而來的鮮活與靈動。范一葉是我在大學傳播學院研究所教授創新課程時遇到的學生，她畢業後，我們成為合作夥伴。她不僅有很強的領悟能力，而且是個想像力無限的文案好手。因為我們的工作內容都與創意相關，所以經常一起探討各種創意個案，拆解、分析優秀創意背後的手法與邏輯。在這個不斷「分析—解構—萃取—再創作」的過程中，我們發現創意雖談不上簡單，但絕對是有章法可循的。且這些方法也的確實用，能讓創意工作變得輕鬆且高效能。

　　得益於這種不斷解構與建構的創意練習，我們大大提升了創新解決問題的能力。面對工作和生活中出現的棘手問題，我們常常可以跳出二元對立思維，找到「第三種解決方案」。這讓我們意識到，創意其實是一種思考方式！所以，我們決定一起創作此書，把創意深處的「祕笈」分享給更多職場人士。無論你的工作是否與創意工作直接相關，相信這本書都會帶給你一些收穫，正如我在開篇所說，大家生活在這個人工智慧的新時代，擁有多元解決問題的創意思維，對每個人都很重要。

最後，我想表達對我的碩士指導教授李思屈（本名李傑）教授的感謝，李老師是長期從事傳播符號學研究的博士指導教授，教學風格嚴謹風趣，是李老師把我帶入符號學的殿堂，讓我在思維能力的成長上受益良多。

　　本書主要內容涉及通用創意法則、文案創意法則、視覺創意法則、鍛鍊創意力的工具。

　　第二章所涉及的都是日常生活及工作中最常用且不區分文案／視覺領域的通用性創意法則。可以說，如果你熟練、掌握了這十大創意法則，你也能稱得上是一位創意小達人，足以在眾人面前脫穎而出了。由於第二章最常用，因此看完這章後，你可以為自己設計一個小覺察作業：留意你身邊（如商場裡、捷運廣告、各種活動，甚至是你身邊有創意的同事的一些動作、言語），看這一切運用了通用創意法則中的哪一個，又是如何運用的？然後，你可以回翻本書，把案例記錄進去，久而久之，你的這本創意書，便是屬於你自己最豐盛的創意「葵花寶典」。

　　第三章涵蓋文案領域相關的創意方法。如果你是從事「文案、編輯、策劃、產品經理」等相關職業的人士，那本章非常適合你精讀，它會讓你的工作成效倍增。倘若你並非從事以上領域，也沒關係，它對你的價值同樣非常大。在這個網路技術發展迅速的時代，文案人才層出不窮，在社群媒體

序 Preface

等個人帳號裡,甚至日常社交中,處處離不開文案。當你熟讀了本章後,你就能擺脫日常「小透明」,秒變 Uploader(上傳者)「萬人迷」。

第四章主要圍繞視覺領域展開。「設計師、插畫家」等領域的工作者,可首選精讀此篇章。但其實在職場中,無論是產品經理、營運策劃或行政人力等職位的人員,都必定有與設計部門配合的需求,例如產品的介面美化、活動營運的海報、年會策劃的主視覺等……諸如此類。你閱讀過本章,便能從可憐弱小的求助者角色,轉變為「設計高手」——與設計師同一戰線,一起籌劃更具創意的視覺作品,你的參與感和成就感也會大大提升。在職場中,綜合性人才永遠是短缺資源。跨界能力越強,你的職場價值也會越高。

我們堅信「授人以魚不如授人以漁」,前面說的都是方法技巧,而第五章將幫助你或你的團隊進行創意練習。只有不斷練習,才能形成肌肉記憶,你的創意靈活度才會有明顯的進步。建議你把本章的法則寫在便利貼上,當作你每天的小作業,在工作、生活中都嘗試運用一下,看看會有什麼變化。創意能力不難提升,這種訓練就像學開車——只要經過多次練習,就能形成肌肉記憶,就可自由排程、使用。相信你也可以變成一位創意力十足的人。

以上四章內容相對獨立，你可以按照自己的個人習慣和需求去翻閱和檢索。

在書中，我們設定了一個人物角色 —— 飛飛。飛飛是一位剛入職場的新人，也是一個創意無限的小女生，她喜歡研究和學習新創意。在閱讀本書的過程中，你將跟隨飛飛的腳步，去找尋一個個創意寶藏，因為對每個法則，我們都會從飛飛所在的真實情景案例切入，鮮明生動，讓你更容易進入沉浸式學習，緊接著會有對法則的具體拆解，讓你更易於理解和掌握。

主角 IP 飛飛

名字寓意：

1. 沒心沒肺，亂飛亂撞，沒分寸
2. 靈動，創意思緒活躍

年齡：23 歲（千禧少女初長成）

性別：女

科系：廣告傳播

擅長：目前是職場菜鳥，喜歡文案、創意、繪畫

序 Preface

　　此外，每個創意法則後都會附有貼合法則的真實案例練習題供你練習，因為我們相信，只有實際操作過才能真正掌握。並且，為了便於後續的檢索翻閱，本書還專門設計了「創意工具卡」，內含創意方法步驟、適用情景和避開陷阱指南，你可以把工具卡單獨撕下，組成一套創意卡檢索百科。

　　我們創作本書的初心是：使它成為一本人人拿來即可用的「創意方法論」工具書，好玩、便攜，你可以在想創意的時候查閱、套用。你的喜歡，便是我們最大的心願。

　　當然，本書僅僅是我們在創意思維訓練領域的一個推動性實驗，還有很多不足，非常期待你與我們共同完善它。創意法則無窮無盡，如果你發現了新法則，或解鎖了書中所提及法則的新用法，歡迎你再分享給身邊的人，我們也將持續對外徵集創意法，不斷完善和拓展創意理論，讓本書變成一本創意百科寶典。

　　我們期待經由這個機緣，結識優秀的你。

張燕玲

第一章

踏上創意之路

第一章　踏上創意之路

一　為什麼創意是人生中最重要的能力

創意給人生命與樂趣。

── 李奧・貝納（Leo Burnett）

你有沒有留意到，我們生活在一個「騙局」裡，這個「騙局」的主題叫做「重複」，背後的操盤手是時間。日復一日，我們吃喝拉撒，工作睡覺，日出而作，日落而息，不斷地重複，這個重複的遊戲，將一直持續到生命的結束。很多人會被這個「騙局」所欺騙，認為人生的真相就是如此，在重複中變成了會喘氣的機器人，失去了生命本有的勃勃生機和創造力。這樣的人生是痛苦的，而且實在太可惜了！

其實人生是一個不斷與重複抗爭的過程，我們完全有辦法對抗這種重複帶來的吞噬感。辦法是什麼？辦法就是超越事件本身去創造意義。人是活在意義世界裡的動物，這才是生命的真相。

一　為什麼創意是人生中最重要的能力

著名社會學家馬克斯・韋伯（Max Weber）說過一句話：「人是懸掛在自己編織的意義之網上的動物。」這句話是什麼意思呢？我舉幾個例子你就了解了，比如，在馬路上，你看到紅燈就知道要停步，看到綠燈就知道可以通行，這裡的「停步」、「通行」就是被你我借用「紅燈」、「綠燈」共同編織出的意義；有人在情人節那天送給你一束玫瑰花，你一定知道對方是在向你示愛，這是你借用「情人節的玫瑰花」編織出的意義；你打電話約朋友喝茶，朋友婉拒了你，此時如果你編織出「朋友可能真的有事，可以改天再約」的意義，你會繼續和她的友誼，但如果你編織出「她在遠離我」的意義，那你以後就不想再理睬她了；再比如，你在工作中遇到非常具有挑戰性的專案，如果你編織出「這個專案太難了，我肯定不行」的意義，你就會想辦法找主管推掉這個專案，可是如果你編織出「這個專案雖然有難度，但這是鍛鍊我能力的好機會，我願意試一試」的意義，那麼你就會啟動自己的振奮點，迎難而上。當代哲學家周國平說：「人是唯一能追問自身存在意義的動物。這是人的偉大之處，也是人的悲壯之處。」慶幸為人，因為有意義，所以我們的生活有機會變得廣闊豐盈。

不過值得注意的是，雖然我們生而為人，能編織意義，但編織的所有意義，不全都是對自己生命體驗有利的，很多時候，我們會喪失自己主動創造意義的意識，活在其他人，

乃至社會規則所編織的意義中,隨波逐流,與世浮沉,所以過得並不快樂。

人生的境界分三種:

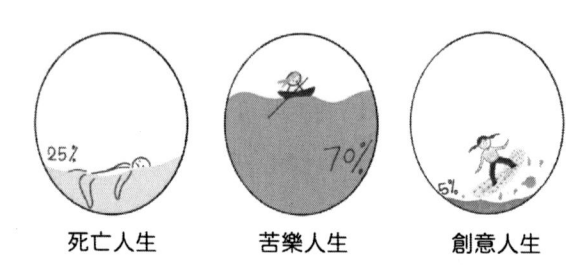

死亡人生　　苦樂人生　　創意人生

第一種境界是「死亡人生」。這種人在人群中大概占25%,他們是生活在「騙局」中的一群人,關閉了跟外界交流的心門,五感麻木,討生活,混日子,過著每天重複的日常生活,缺乏生機。他們的人生格言是:「人啊!反正都會死的,活一天算一天,沒什麼意思。」

第二種境界是「苦樂人生」。我們身邊的大多數人屬於此類,在人群中大概占70%,他們日日奔忙,努力生活;注重編織外在世界的意義,在意他人怎麼看自己,其認知和行動容易受外界影響;有很多期待與嚮往,但受限於種種條件,往往思而不得;安全感較低,總是擔心失去和改變,做出的努力也往往來自於對未來的恐懼,而不是內心的熱愛;熱熱鬧鬧中充滿悲喜與無奈,正如歌詞裡所唱的「仔細看著歲月的眼睛,它記錄了你豐富的表情」。

第三種境界是「創意人生」。這種人在人群中大概占5%，他們對自己了解更多，強調內在成長，注重意識的發展和對自我生命意義的探尋；擁有提升自己多元視角和思維彈性的自覺，對外部資源有很強的發掘能力和重構能力，把應對挑戰視為突破自我生命邊界的創造過程，常常散發一種由內而外的生命力與影響力。他們成事有心法，透過有意識地編織與管理自己的意義之網，激發內在創造性，不僅能獲得外在世界的成功，且內在擁有很高的幸福感，我們可以在很多成功人士身上看到這種特質，在他們眼裡，生活沒有「重複」二字，一切都是創造新體驗的過程。他們透過創造力對抗重複乏味的人生，正如被稱為「創新思維之父」的愛德華・波諾（Edward de Bono）所說：「沒有創造力，就沒有進步，我們就會永遠重複同樣的模式」。

你現在過的是哪種人生？你希望自己過第幾種人生？我相信第三種境界的人生，對我們每個人都很有吸引力。我們如何才能過這樣的創意人生？答案就是「刻意練習」，做個生活中的有心人，對發生在身邊的每一件事，都嘗試多換幾個視角去看待。拿我自己來說吧！大學時我讀的是廣告學，當時知道自己資質平平，不屬於有創意天賦的那種，所以就笨鳥勤飛，為了提升自己的創意能力，不斷拆解國內外獲獎的出色廣告作品，提煉廣告中的表達結構，哪怕走在路上，也留意關注各種眼花撩亂的廣告，感受自己第一眼是被什麼

抓住的?思考這個廣告想傳遞什麼,作者借用了什麼手法?如果換成是我,我還可以用其他什麼方式來表達這個主題?我要求自己至少想出3種不同的方式。經過一段時間的刻意訓練,我明顯發現自己的創意能力和文案能力都得到很大提升,這個習慣,我一直保持到現在。當遇到一些問題時,我常常很容易切換不同的視角去看待,會發現自己凡事都能很輕鬆地看到正向的一面,遇到問題也能快速地整合各種資源,找到好幾種不同的解決辦法。

　　皇天不負苦心人,只要我們意識到創意能力的重要性,並假以時日刻苦練習,很快會發現:自己看待問題的角度不再非黑即白、非對即錯,而會更加多元。如果看問題的視角能超越二元對立,那可是非常了不起的事情,因為人一旦擁有了多元視角,就擁有了更多可能性和選擇權,也就有機會創造更多的喜悅和奇蹟,活出生命的精采。所以,朋友,讓我們一起創造和享受自己的「創意人生」吧!而這本書,正是載你走向創意人生的一葉扁舟,相信你在啟程後,會看到不一樣的風景。

二　破解關於創意的常見迷思

一提及創意，大家便會有很多設定與固有印象，可能會覺得：創意與天賦相關，很難靠後天學習得來；創意需要感覺，創作前需要沐浴焚香、靜坐等靈感空降；創意不能被拘束，需要天馬行空，任意設想才會更靈動；自己不是創意工作者，所以其實跟創意沒什麼關聯，學了好像也用不到⋯⋯

你是否有過諸如此類的想法？如果有，請馬上閱讀下文，破除你的固有想法；如果沒有，那麼恭喜你，你是一個很開放、有創意思維能力的人，可以直接閱讀書中正文，與飛飛一起在創意的世界裡遨遊。

1・唯天賦論 —— 創意無法後天學習獲得

創意是否需要天賦？需要。那麼沒有天賦，就無法成為一個有創意的人嗎？肯定不是。這就好比將成功與否，與智商高低畫等號，只能說有相關性，但決定一個人是否成功的

第一章　踏上創意之路

因素還有很多，比如知識儲備、情商、機遇、人脈關係等。創意也是如此。創意與天賦有一定的相關性，但天賦並不是決定性因素，除了天賦，還有其他要素，如方法論、思考方式等，因此我們可以找到切入點，鎖定能影響的部分，進行創意思維、創意方法的訓練。

早在 1950 年代，以吉爾福特（Joy Paul Guilford）為代表的心理學家，透過研究發現，人人都具有創造力，而且很多實踐證明，創意能力可以透過各種思考方式、方法技巧相互激盪而後天獲得，人人都能依靠後天學習，提高創意能力。

例如，大眾所熟知的作詞人方文山，他創作了數百首歌詞，獲獎無數，「天青色等煙雨，而我在等你」、「你髮如雪，淒美了離別」、「窗臺蝴蝶，像詩裡紛飛的美麗章節……」諸如此類的神句，比比皆是。

大家可能會覺得方文山是天賦異稟，屬於老天爺賞飯吃。然而在某次採訪中，方文山透露他的寫詞小祕笈：在副歌部分加上人稱代詞「你、我、他」，方文山將這些稱為「記憶點」；常用語法重構，例如「淒美」是形容詞，會故意用成動詞營造意境，變成「你髮如雪，淒美了離別」；經常運用比喻、比擬等修辭手法；方文山還有其常用的詞彙庫……有網友總結了方文山的歌詞公式：（主語＋常用詞彙）×（修辭＋語法重構）。

二　破解關於創意的常見迷思

因此，如果你天生是個創意靈感很強的人，想到好點子是家常便飯，那恭喜你擁有這樣的天賦。但如果你和我一樣是普通人，那麼我們透過認真總結或拆解創意結構，同樣可以擁有不錯的創意能力。

2・創意是坐等靈感空降

方文山創作才華的背後，是日積月累的不斷創作，他有自己的詞庫，透過不斷練習實踐，提煉了自己的一套方法論。著名劇作家、導演賴聲川也曾說過：「創意不是靈光乍現的瞬間，而是持續生產作品的能力。」知名企業家也曾說：「好的創意不是靈光乍現，全靠日積月累的思考。」

可能在你洗澡的時候，在你心情愉悅的下班路上，你會突然接收到靈感，便誤以為靈感是毫無根據地從天而降。但其實在你收到靈感之前，你的大腦就已經在整合各種資訊了，只等時機成熟時，這個通道才會被打開，創意湧現出

第一章　踏上創意之路

來，你就收到了「從天而降」的靈感。所以從來沒有什麼靈感空降，其背後都有緣由，只是我們從表面上看不出關聯，但這些資訊在你的腦子裡已經千迴百轉碰撞了多次。在本書末尾章節也會提及，如果你期待靈感的到來，可以先全面地、高密度地吸收資訊，接著要做的便是放輕鬆，等待「靈感」降臨，但並不能空等，前面的勤奮步驟絕對不能缺失。

本書中的卡通人物飛飛看起來創意感十足，或許你身邊也有這類人，讓你羨慕萬分。但如果旁觀這類人在生活、工作中的特點，你會發現他們都有一個共同點，就是用一顆熱情好奇的心感受周圍的一切、喜愛探索研究，遇到有意思、新奇的東西，喜歡抽絲剝繭、了解清楚其中的結構，並且會舉一反三，在自己的日常工作中加以練習，在這些習慣的加持下，大腦得以不斷訓練，日積月累，自然就擁有了很強的創意能力。這就像學開車，經過多次練習，人便形成了肌肉記憶，可以自如地應對各種複雜的路況。他們能做到，你也一定能做到，期待你也成為一個多靈感的人。

3・創意就是天馬行空地胡思亂想

可能很多人有這樣的誤解：創意就是天馬行空，一旦有了約束，創意就必定被扼殺在搖籃裡了。我認識一位畫家，他的專業能力很強，很擅長自由創作，但每當接到商業案子

後，便會覺得受到了一些限制，很影響他發揮。

毋庸置疑，創意工作肯定需要擴散性思考，但創意絕對不等於天馬行空地胡思亂想，就算你是個自由的藝術家，創意也需有要表達的主題。著名的廣告大師大衛·奧格威（David MacKenzie Ogilvy）說，廣告是「帶著鐐銬跳舞」，越是在限制中創作，越能展現水準，創作出來的作品可能也會更令人出乎意料，這就是創意的魅力。所以，創意其實並非天馬行空，有一定的限制，反而能激發出更為美妙的創意。如果說創意是天空中放飛的風箏，那目的就是手中握著的線。

4・創意只跟創意工作者相關，跟普通人關係不大

提及創意，大部分人腦海裡的第一反應就是：那是藝術家、設計師、插畫家、編劇、導演、廣告人、行銷人、新媒體主編的工作，而本人的工作不涉及這些領域，便不需要創意。

第一章　踏上創意之路

　　但仔細想想，我們的工作、生活需不需要解決問題？當你擁有創意思考方式，你會發現，自己看待很多事情會自然而然地湧現出兩種以上的視角，靈活處理問題的能力、整合資源的能力也會大大提升，遇到緊急問題也會經常有「急智」，且隨之而來，你會發現自己的情緒比以前穩定許多，幸福感也會有所提升。經過這種彈性思維訓練，你將會逐漸成為一個擁有「第三種解決問題能力」的人。

　　因此，我們每個人都需要創意能力，它不僅是一種思維能力，更是我們解決問題的萬能幫手。

第二章

十大通用創意法則

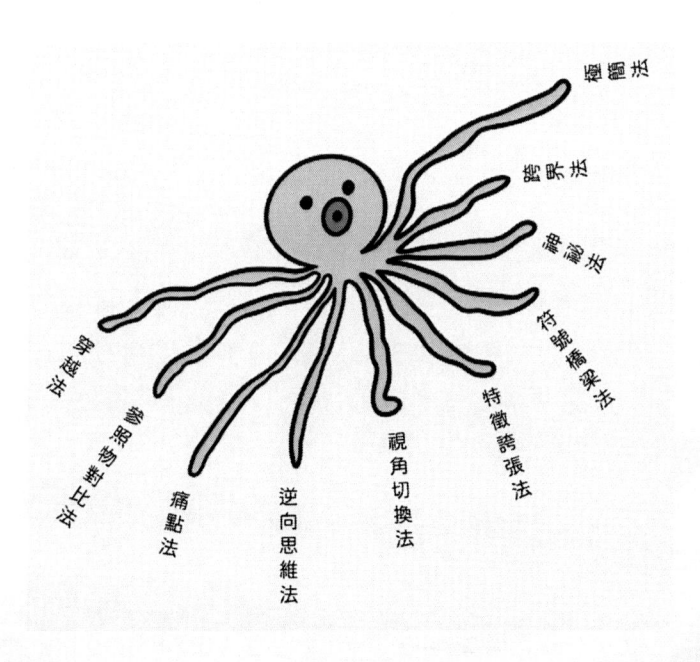

- 極簡法
- 跨界法
- 神秘法
- 符號橋梁法
- 特徵誇張法
- 視角切換法
- 逆向思維法
- 痛點法
- 類比參照修辭法
- 陌生化

一　當時間與空間錯置：穿越法

飛飛每週末最喜歡去的地方便是展覽館，這週也不例外，她來到一個小眾的穿越主題展廳，裡面有三個子題，分別是主體穿越展、空間穿越展、時間穿越展。

1・主體穿越：你可以成為任何人，甚至不是人

飛飛滿懷期待地進入了第一個展廳——主體穿越展。

這個展廳很特別，其中有一個隧道是星球外太空風格，進入前，大家都需要換衣服裝備，全程扮演太空人（小王子的好朋友）的角色進行參觀。隧道裡有很多魔幻鏡子，當你照鏡子時，可能會發現鏡子裡的自己變成一隻貓、一朵花等。

飛飛覺得很新奇，便拿本子和筆，把接收到的資訊記下來，心想以後可以作為靈感來源。

主體穿越分兩種：

(1)人與人的穿越——例如「我」和太空人穿越，不僅可以是身分穿越，還不限性別。

一　當時間與空間錯置：穿越法

人與人的穿越

穿越

(2) 人與物（包括動物或物體）的穿越 —— 這種穿越類似文學中的擬人化，例如「我是貓」、「我是狗」、「我是花」等。

人與人的穿越

穿越

飛飛正準備從主體穿越展出來時，看到門口電視畫面中策展人在介紹策劃思路，馬上記錄下來：主體穿越法的好處在於，置換了主體，與目前的身分／性別等形成了對比，透過營造衝突感來強化對某一類群體／物種的理解、體諒或其他情感（飛飛立刻聯想到一些專案需求或許可以運用主體穿越法，例如，醫生與患者身分互換，了解彼此的不容易，更有助於改善醫病關係；又如，情侶互換，進一步了解男女之間的不同；再如，化身流浪貓狗，讓大家體會牠們的可憐處境……等等）。

031

2・空間穿越：世界那麼大，可隨時隨地去看看

隨後，飛飛進入了第二個主題展廳——空間穿越展。

裡面有很多不同的入口，飛飛一會兒進入冰冷的、有企鵝的南極，一會兒來到炎熱的非洲，一會兒又穿梭到燈紅酒綠的繁華城市街道，更好玩的是，她不知不覺走進了一本書裡，走進了〈小紅帽〉的故事中，文字比她的腳掌還大。走出來後，飛飛發現自己又進入了一個人的夢境，在他的夢裡徜徉，經歷著他夢裡的故事。

飛飛覺得好奇妙，快速走到展廳末尾的電視機處，開始記錄創意知識點。

空間穿越包括：

(1)不同地域穿越——例如，從臺北穿越到歐洲，從南亞穿越到北非……等等。

(2)不同維度穿越——例如，穿越到書裡，穿越到夢境裡（電影《全面啟動》(*Inception*)就運用了這個手法）。

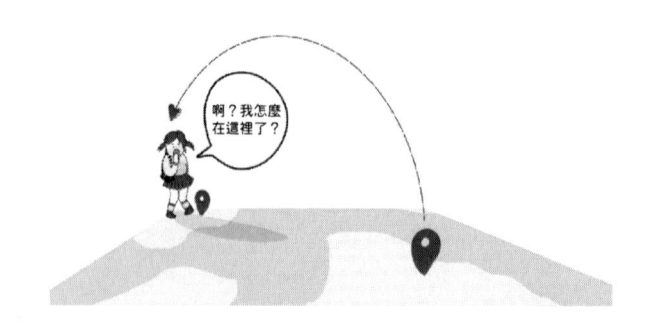

空間穿越法的好處在於置換了空間，與目前的空間環境形成對比，透過營造衝突感來強化環境間的差異感（例如，穿越到童話書中，脫離了世俗繁雜；再如，穿越到鄉村，了解到農民耕種的辛苦）。

3. 時間穿越：懷念從前，構思未來

緊接著飛飛又前往第三個主題展廳——時間穿越展。

這個展廳相對較簡單，有兩個房間，分別是：現在→以前、現在→未來。飛飛回到自己的童年時代，看到了當時的流行明星、當時的復古穿搭，還有當時的手機，一切都是那麼熟悉，勾起了飛飛不少回憶；隨後飛飛又穿越到了未來，她在未來的科幻智慧世界裡徜徉，看到了很多智慧螢幕，內心的想法都會顯示在螢幕上……飛飛依依不捨地走出場館，同樣做了記錄。

時間穿越法的好處在於置換了時間，與目前生活的時間階段形成對比，透過營造衝突感，強化時間上的一些珍貴情感（例如，穿越到以前，懷念以前的純樸之風；穿越到未來，對高科技、新世界充滿憧憬與嚮往）。

第二章　十大通用創意法則

飛飛突然聯想到工作上的一個需求——近期地方稅務局客戶要舉辦一項體驗活動（客戶要求吸引更多的納稅人參加，並希望納稅人參加後能留下深刻印象），豈不是可以用穿越法？例如設計一輛體驗列車，進了列車，便穿越到 20 年前，有稅務局的歷史文化展覽、實體物件陳列，以及以前的版稅流程步驟等……可供大家體驗參觀。

飛飛彷彿被點醒了，急匆匆地跑回家，開始寫策劃方案。

一　當時間與空間錯置：穿越法

創意小練習

請嘗試使用穿越法編寫一部微電影或一個小故事。		
主體穿越法	空間穿越法	時間穿越法

第二章　十大通用創意法則

創意法則卡

穿越法

- 方法1：主體穿越法（人→人／人→物）
- 方法2：空間穿越法
  不同地域：臺北→非洲；歐美→北極
  不同維度：現實→書本；現實→夢裡
- 方法3：時間穿越法
  以前→現在；現在→以前；未來→現在；
  現在→未來；以前→未來；未來→以前

適用情景

行銷策劃、腳本策劃、海報設計、畫面繪製等

使用該方法的好處

1. 提升新鮮感（因為穿越會與日常有些不同）
2. 增強體驗感（親自參與、沉浸感強）

避開陷阱指南

基於某種目的穿越，不要簡單地作為吸睛工具

二 「無」與「有」的對照遊戲：參照物對比法

週會上，主管提出了一個專案，需要製作一張餐飲品牌海報（目標群體是 25～45 歲的職場白領階級），目的是建立與消費群體之間的情感連結。聽完主管的專案介紹，飛飛對「連結感」很有感覺，腦海中馬上閃現出一幅「手牽手」的畫面。但回頭一想，不對，主管經常提醒：「創意不是天馬行空地胡思亂想」。

於是飛飛趕緊拿出主管剛剛給的「××餐廳市場數據分析報告」，報告的第一章就是〈品牌核心使用者畫像〉，還有〈市場需求分析〉、〈品牌競爭產品分析〉……她看得兩眼發光，津津有味。

1・找到「符合傳播目的」+「過人之處」的點

首先，做任何策劃，準備呈現的要點都須服務於客戶的傳播目的，本次傳播目的是建立與消費群體之間的情感連結。飛飛仔細研讀了市場研究報告，發現該品牌的「24 小時營業」是有別於同行業其他品牌的一個最有利的情感連結點，因此她準備鎖定「24 小時營業」這個點進行宣傳。

第二章　十大通用創意法則

找出「過人之處」的點

2. 以「常規」事物作參照物，進行對比突出

解決了第一個「鎖定要點」的問題後，又該如何突顯要點呢？飛飛開始抓耳撓腮。

正在此時，她突然回憶起一個情景：某天晚上加班到凌晨兩點，她又餓又睏，整條路黑漆漆的，只有該品牌還亮著燈，正好解決了她餓肚子的苦惱，當時倍感溫暖。

創意是感性和理性的結合體。飛飛拿出紙和筆，快速分析起來：同行業內，24小時營業的店很少→也就意味著它獨特、不同尋常→如何突顯？→用「尋常」的參照物來襯托。

以「常規」事物當參照物，進行對比突出

二　「無」與「有」的對照遊戲：參照物對比法

飛飛按照這個思路，想像了海報的視覺畫面：周圍很黑，店鋪全都關門了，只有遙遠的地方還亮著燈，成為通宵達旦工作者的「燈塔」，那個店就是該品牌。

飛飛順利完成了提案，並記下這個創意方法，便於日後同類策劃使用：參照物對比法，就是藉助兩個事物的屬性差異，進行明暗、大小、長短等元素的比較，在參照物的襯托下，突顯其特別之處。

創意小練習

產品	被對比物	嘗試寫一句文案
某款手機拍照 App		

一款手機拍照 App,請你發揮創意,嘗試採用參照物對比法玩一玩。

二 「無」與「有」的對照遊戲：參照物對比法

創意法則卡

參照物對比法

第一步：尋找要呈現的要點
（這個要點需要服務於目的，並且有「過人之處」）

第二步：以「常規」事物作參照物，進行對比突出

參照物對比法的其他延伸

同類參照物對比：利於在現有市場中突出優勢，適用於市場中的競爭產品對比。
例如：A手機（續航力）vs.B手機（續航力）

近類參照物對比：一般適用於開拓市場新需求。
例如：蛋黃酥vs.早餐麵包

遠類參照物對比：此方法有利於發現借鑑點、利於創新。
例如：相機vs.無人機空拍

適用情景

產品行銷、文案策劃、方案撰寫、海報設計等

使用該方法的好處

1. 一目了然，最大化突顯事物的「亮點」
2. 使「亮點」更能被目標群體感知

避開陷阱指南

對競爭產品間的對比需要小心，避免違反相關廣告法規

041

三　把痛苦轉化為幽默：痛點法

為了鍛鍊員工的創意能力，飛飛所在的公司每月都會舉辦創意比賽活動。公司會提前給出命題，讓員工用趣味短影音的方式投稿，最後依據「創意分數」和「趣味分數」評選。本次的命題是：做一個生髮液產品的推廣方案，販賣給掉髮的人。收到議題後，大家開始籌備。

以飛飛的過往經驗來看，行銷、販賣產品的最佳方法，便是痛點（難點）法。

1・抓痛點，還是抓癢癢

首先應該找準痛點，真痛點是目標群體的恐懼和焦慮，產品可能就是他們的救命稻草，就像本次命題中掉髮嚴重現象和植髮產品之間的關係（掉髮嚴重→如果不處理，可能有禿頭風險→植髮產品）。

而假痛點（也稱為癢點）通常是目標群體的願望，產品可以讓他們成為更好的自己。與真痛點的差別在於：假痛點解決的迫切性沒有那麼高，這個產品對目標群體而言，是可有可無的，有會增色，沒有也沒關係（如果從頭髮產品領域來看，就類似頭髮乾枯與護髮乳之間的關係，頭髮乾枯→想變得更好→護髮乳）。

三　把痛苦轉化為幽默：痛點法

那本次行銷的痛點，毋庸置疑就是掉髮嚴重，髮量少。

但飛飛又覺得「掉髮」這個話題有點敏感，不宜戲說掉髮群體，且本次比賽的評審標準中，趣味也占有一定比重，因此想用較趣味、戲謔的方式來進行。

2・極端痛點：在痛點上「撒鹽」

痛點法中有個手法是極端痛點，就是在痛點上「撒鹽」，使痛上加痛，重在加深程度。

飛飛開始拆解：痛點是髮量少，如果加深程度，那麼便是讓頭髮更少。怎樣才能用更好玩的方法「變少頭髮」呢？最好是利用一些突發事件製造戲謔趣味感。飛飛突發奇想，要不就來一場大風吧！畫面可以這樣：一個卡通人物本來就只剩下幾根頭髮（痛點），大風一吹，連這幾根也掉光了（更痛）。

3・戲劇化痛點：把痛點戲謔幽默化

飛飛看到痛點法還有另一種玩法：讓痛點充滿戲劇性，就是針對問題／痛點進行戲謔幽默化，儘管這在現實中出現的機率幾乎為零，但依舊可以去想像，主要目的就是讓問題顯得更滑稽、可笑。與極端痛點法不同，問題戲劇法重在轉換。

例如：一個卡通人物本來就只剩下幾根頭髮（痛點），經大風一吹，這幾根頭髮立了起來（戲劇化），緊接著他竟然要去相親（戲劇化）。

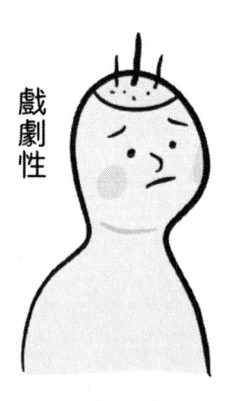

到了比賽那一天，飛飛製作的兩個影片成功入選，主管給出的獎項評語是：「讓問題深入人心，看完後讓人牢記住痛點，此外，風格活潑幽默，雖講述的是痛點問題，但不至於太令人難堪。」

創意小練習

情景一： 零售業對如何處理客戶留存的問題很煩惱，目前你有一款管理客戶體驗的產品，請嘗試用極端痛點的手法寫一句行銷文案。

情景二： 有一款去腿毛的產品，請你嘗試用戲劇化痛點的手法寫一句行銷文案（要讓人既記住產品賣點，又能輕鬆一笑）

第二章　十大通用創意法則

創意法則卡

痛點法

痛點法	方法一：極端痛點法 （重在加深程度）	方法二：問題戲劇化法 （重在轉換）
第一步	找出真痛點	
第二步	使痛上加痛	讓痛點好玩／滑稽

適用情景

產品行銷、文案策劃、形象設計、方案撰寫、日常溝通（自嘲、說服等）

使用該方法的好處

1. 讓問題深入人心，使人看完能牢牢記住痛點
2. 更加活潑，雖講述的是問題，但不至於令人難堪
3. 行銷力提升
4. 行銷力提升

避開陷阱指南

1. 對生理／心理上的一些痛點，盡量少用極端痛點法，可採用問題戲劇化法
2. 注意幽默化的方向和分寸，避免傷害部分群體

四　逆光中找到方向：逆向思維法

週末到了，飛飛幫姐姐帶孩子：上午輔導外甥寫作業，下午帶外甥去動物園玩。在一整天的相處中，飛飛覺得很愉快，還意外掌握了「逆向思維法」，她興奮地在筆記本中記錄下來。

1・角色換位逆向法 ── 換個角色就能解決問題

上午輔導外甥寫作業時，飛飛發現他不太願意學習，而且怎麼教，他都不會。

飛飛開始拆解探索：孩子為什麼學不會 ──（1）太難；（2）不想學，缺乏主動性。在什麼情況下，孩子會有主動性，且願意自己主動攻克難題呢？── 當然是玩遊戲的時候、當班級幹部／小老師的時候⋯⋯

和他玩一個遊戲：讓外甥當小老師，自己只需裝傻，不停地說「不懂」，讓他來教，並且在這個過程中不斷提問，那麼，他只好自己弄懂知識點，才能當好老師。

果不其然，外甥順利地完成了所有作業，並且樂在其中。巧妙轉換角色，反方向行走，有時反而就是另一種前進的方式。這便是逆向思維法中的角色換位逆向思路，著名物

理學家、諾貝爾獎得主理查‧費曼（Richard Feynman）所提出的費曼學習法——「教就是最好的學」，便是角色換位逆向法的一個典型案例。

教育 （帶小孩學習）	常規思路 ○→△	拚命教孩子 效果卻不佳
另一種 教育	角色換位逆向法	讓孩子教你（費曼學習法） 則有意外驚喜

2・反義逆向法——
偏偏反著來，輕鬆找到解決新思路

下午，飛飛帶外甥去動物園，可直到傍晚 6 點，外甥還是不願意離開，吵著要把整個動物園帶走。童言童語令飛飛哭笑不得，非常無奈。

正在這時，飛飛看到一個風景區紀念品店，裡面有動物園的等比例小模型。飛飛立刻買給外甥，外甥也終於願意回家了。

仔細回想，這其實是一種逆向法，也叫反義逆向法，即在事物的屬性中尋找反義，尋求新的解決思路。

風景區大→風景區變小，貴→便宜，於是變成迷你模型，遊客們紛紛購買帶走。這便是一個運用事物的屬性，反義轉化而產出的創意。

四　逆光中找到方向：逆向思維法

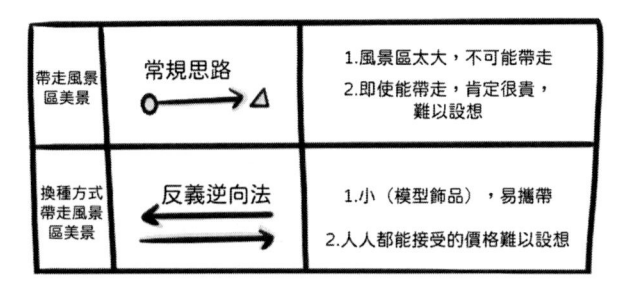

帶走風景區美景	常規思路 ○→△	1.風景區太大，不可能帶走 2.即使能帶走，肯定很貴，難以設想
換種方式帶走風景區美景	反義逆向法 ←→	1.小（模型飾品），易攜帶 2.人人都能接受的價格難以設想

反義逆向法常用的屬性公式如下。

(1)屬性視角：軟－硬、長－短、大－小、貴－便宜。

(2)位置視角：上－下、左－右。

(3)過程視角：A 到 B、B 到 A（如：固態變氣態，氣態變固態）。

反義逆向法常用於產品創新，在日常生活中也有很多例子用到反義逆向法，例如冷氣在夏天製冷，在冬天也可以變成暖氣──製熱，冬暖夏涼兩不誤。

3・缺點逆向法 ──「問題」也能變「寶藏」

在回家路上，外甥跟飛飛聊起他的新發現：貓頭鷹的耳朵是左右不對稱的，袋熊的便便是立方體的，長頸鹿的舌頭可以伸到耳朵裡……

飛飛發現外甥的觀察力和洞察力非常強，突然又聯想到缺點逆向法。

第二章　十大通用創意法則

用逆向思維看待問題,很多問題便會迎刃而解,甚至「問題」也能變成「寶藏」,例如:外甥雖然平時內向、不愛說話,見到陌生人甚至不敢打招呼,如果用問題視角看待,會覺得這是缺點,需要糾正,但倘若用機會視角來看待,則可能從中發掘出孩子在觀察、洞察方面的一些能力。

在創意領域,經常會用到缺點逆向法——當一個事物有缺點(缺陷、弊端、劣勢)的時候,先不要著急改變,這時最適合使用缺點逆向法,說不定事情會有轉機。

◆如有一批牛仔褲破了洞,賣不出去。

缺點:牛仔褲破洞——開啟逆向思考,看缺陷能否開闢新天地,於是破洞成為一股風潮。

◆又如,將保溫杯賣到炎熱的地區,卻銷售量不佳。

缺點:熱——開啟逆向思考,全面修改廣告文案,改為「冰鎮杯——保冰效果 24 小時,隔天喝還是冰冰涼涼的」,立刻變成暢銷產品。

牛仔褲破了洞(方法1)	常規思路 →	瑕疵品,賣不出去或打折處理
牛仔褲破了洞(方法2)	缺點逆向法	開闢新天地,使破洞成為一股風潮,高價賣出

四　逆光中找到方向：逆向思維法

真沒想到，帶孩子還能有驚喜。總結出創意方法，飛飛覺得收穫滿滿，回家後把「制伏」外甥的妙招傳授給姐姐，姐姐也覺得妙哉！

創意小練習

想一想，你最近有什麼棘手問題？ 有沒有可能利用以上逆向思維法開闢新的解決路徑？ 如果可以，你的逆向思路是什麼？ 用了三個逆向法中的哪一種方法？			
事件描述	常規解決思路	逆向解決思路	用了哪種逆向法

第二章　十大通用創意法則

創意法則卡

逆向思維法

方法一： 角色換位逆向法	方法二： 反義逆向法	方法三： 缺點逆向法
從對方角度／需求出發，與常規解決思路反向而行	找到事物的屬性，從反義出發 屬性視角：軟一硬、長一短、大一小、貴一便宜 位置視角：上一下、左一右 過程視角：A→B、B→A	1.找到問題／缺點 2.轉變為機會點

適用情景

行銷策劃、形象設計、日常溝通等

使用該方法的好處

1.一反常規，極具創新性
2.常規思維難以解決的問題，透過逆向思維可能輕鬆破解
3.不僅能解決問題，甚至能化弊為利，形成大翻轉，效益倍增

避開陷阱指南

1.不要批判前期產生的任何想法
2.不要為了異而異，為了反而反，要根據解決效果判定用哪種解決方式

五　換個角度就是新劇本：視角切換法

　　春節將至，飛飛想打掃環境，可剛一起身就開始懶惰，又窩回沙發，打算買個吸塵器幫自己打掃。挑選時，飛飛發現商家的多個行銷視角，覺得非常有趣，便開始做總結和記錄，最典型的有這三種：平面視角、「上帝」視角、微型空間視角。

1・平面視角 —— UBC 品牌關係圈視角模型

　　視角切換法中，最常見的是平面視角。平面視角可以理解為我們日常生活的正常視角，在生活常態裡構思即可，但也並非散亂地構思。我們可以用 UBC 品牌關係圈視角模型作為推手進行切入。UBC 品牌關係圈視角模型圍繞使用者、品牌、競爭對手三者之間的關係，延展至使用者、朋友、品牌、對手、痛點、專家、優勢七種切入角度。具體如下。

第二章　十大通用創意法則

```
         朋友
     ①推薦 │ 支持
      使用者 (users)
         △
你有什麼難處？ 痛點        優勢  能解使用者解決更多問題，
我能幫到你                     或解決效果更好
      UBC品牌關係圈
        視角模型
 專家       品牌          對手 (competitors)
推薦       (brand)     為什麼我是我，他是他？
權威                  我有什麼特點？
背書
```

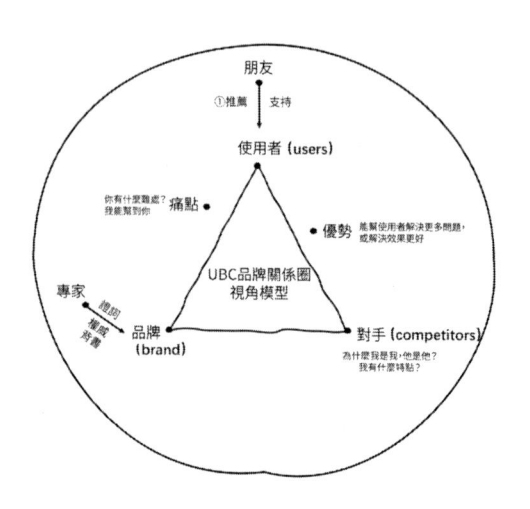

(1)使用者 ── 「戳中」使用者，說出使用者想說的話。

◆（主要突出我用了產品感覺如何。）超開心，即使躺平，媽媽也不會罵我懶惰。

◆（我的問題解決了。）我家地板連一根頭髮都看不到。

◆（我的價值觀宣言。）家務不是非得女方做或男方做，一起出錢讓機器人做。

(2)朋友 ── 口碑行銷。

◆（我用了覺得很好，你們用也一樣。）朋友們，瘋狂推薦這款吸塵器，真是太好用了！

(3)品牌 ── 塑造品牌形象。

◆（我能為你帶來什麼好處？）你家裡10年的掃地工作，10,000元我就全包了。

◆（品牌價值觀宣言 —— 我的價值觀是這樣的，相同的歡迎加入。）一生那麼短，應該把時間用在對美好事物的創造上。

（4）對手 —— 為使用者做品牌區隔。

◆（怎麼認準我？我有什麼特點？）認準能和你直接智慧聊天的 ×× 牌吸塵器。

（5）痛點 —— 痛點行銷，刺激消費。

◆（你有什麼難處，我可以幫到你？）你還在為頭髮塞下水道而煩惱嗎？還在為每天吹完頭髮就要掃一次地而煩惱嗎？×× 牌吸塵器能解決你的一切困擾。

（6）專家 —— 做權威背書。

◆（經過我的專業研究，這款產品真的很好。）經 ×× 機構認證，以及 ×× 專家研究測試後評定，該款吸塵器的智慧系統可達一個 5 歲小孩的智力水準。

（7）優勢 —— 放大產品功能優勢。

◆（我比別的產品厲害在哪裡？）不僅能解決地板灰塵、毛髮問題，連塵蟎也一掃而光。

2・「上帝」視角 ── 巨大無比且無所不知

飛飛還看到了這則吸塵器廣告：結構為 4 房 2 廳的 60.5 坪大房子，整個地板上連一根頭髮也沒有。

除了平面視角，還有一種日常較難實現的視角 ──「上帝」視角。「上帝」通常會讓人聯想到巨大無比且無所不知。

因此，「上帝」視角一般用於較為宏觀的情景，為使用者提供一個全局概覽視角，如某鮮乳品牌俯瞰龐大的大草原、某山泉水品牌跨越千山萬水運輸的一滴水……

「上帝」視角切換法也常用於一些有「揭祕」感覺的情景（增添資訊的了解面），甚至可以打破物理存在。例如打破屋頂的存在，直接看到工廠生產線的生產狀態等。

「上帝」視角適用於需要全局概覽的場面，微小的東西不適合使用此法，否則會讓本來就難以被察覺的「微觀」更加令人找不到了。

3・微型空間視角 ── 日常難以體會的感覺

與「上帝」視角相反的是微型空間視角，就是建構一個日常生活中難以置身其中的微小空間視角。以吸塵器為例，將自己縮小到與灰塵一般大小，看到龐大的吸塵器，可能你會

五　換個角度就是新劇本：視角切換法

飛快地跑，抱住桌腳，也抵擋不住吸塵器的吸力（以此突出吸塵器的力度）。

又如，要突出一雙襪子有多暖，可以嘗試把自己縮小，縮小到可以躲進襪子裡，在裡面享受暖烘烘的世界，冬天穿著背心、短裙在襪子裡跳舞。

建構微型空間視角是對一個常見事物立刻產生全新感知的好方法。不過，微型空間視角適用於常見事物，若本身是大家不熟悉的新產品，那很難讓人在微觀中產生新感知，反而讓目標群體一頭霧水……

飛飛覺得這個吸塵器買得很值得，還學了這麼多創意方法。掌握了視角切換法，就彷彿拿到了創意遙控器，每次都能切換創意頻道，一旦視角變了，感覺整個世界也變了。視角切換法的核心是：一個視角就是一個劇本，跳出行銷策劃，生活也是如此。

第二章　十大通用創意法則

創意小練習

你也動手試試吧！ 請用視角切換法對一個汽車品牌做多視角海報文案寫作。		
視角		請嘗試寫文案
平面視角切換法	使用者	
	朋友	
	品牌	
	對手	
	痛點	
	專家	
	優勢	
「上帝」視角		
微型空間視角		

五　換個角度就是新劇本：視角切換法

創意法則卡

視角切換法

平面視角	切入點1：使用者（我用了產品感覺如何）（我的問題解決了）（我的價值觀宣言） 切入點2：朋友（我覺得好用，你用也一樣） 切入點3：品牌（我能帶給你什麼好處）（品牌價值宣言——我的價值觀是這樣的） 切入點4：對手（怎麼認準我？我有什麼特點） 切入點5：痛點（你有什麼難處？我能幫你） 切入點6：專家（經過專業研究，這款產品真的好） 切入點7：優勢（我比別的產品厲害在哪裡）
「上帝」視角	用於較為宏觀的情景，提供一個全局概覽視角
微型空間視角	1.鎖定一個生活中最常見、人人會用到的物體（如：襪子） 2.極度縮小自己，建構微型空間視角（如：你躲在襪子裡取暖）

適用情景

行銷策劃、文案策劃、腳本策劃、海報設計、形象設計、日常溝通（溝通對接）等

使用該方法的好處

1.基於行銷目的，找到最能「擊中」使用者的視角，提升行銷效果
2.不拘泥於常規視角，提升新意與創意度

避開陷阱指南

1.從目的出發選擇合適視角，切忌本末倒置，為了換視角而換視角
2.視角切換要注意適用性，否則效果將大打折扣

六　放大到極致的力量：特徵誇張法

週末飛飛和朋友去買衣服，在商場裡看到兩個哈哈鏡，覺得很有意思，於是開始在哈哈鏡前自拍。飛飛很高，而朋友較矮。在其中一個哈哈鏡面前，飛飛變得更高了，朋友變得更矮了；而另一個哈哈鏡則相反，飛飛變得非常矮，朋友變得非常高。

飛飛仔細想了一下，這其實是一種創意方法，自己平時畫畫時也經常使用，叫特徵誇張法，通常有兩種操作方式：正向特徵誇張和反向特徵誇張。

1・正向特徵誇張：讓大的更大，小的更小

正向特徵誇張，指的是對人們主觀經驗熟悉的事物特徵進行正方向誇張。可按以下兩步進行操作：

（1）抓住主要特徵。主要特徵是該事物最主要的／最突出的／人人皆知的特徵。例如，長頸鹿最被大眾所熟知的特徵就是脖子長。

（2）在該特徵上做文章，而且「順勢而為」，讓大的更大、小的更小、長的更長……

例如，對於長頸鹿，如果只畫牠脖子長，猜想大家不會

留下什麼深刻印象,因為沒什麼特別,那就可以試試誇張法,讓牠的脖子非常長,甚至長得可以繞好幾圈。

這個手法並非胡鬧,它經常用在商業廣告中。例如,薯條長到可以繞地球幾圈,跳跳糖跳到外太空……等等,都是抓住了主要特點,進行誇張化。

2. 反向特徵誇張:
讓大的變得非常小,讓小的變得非常大

反向特徵誇張法指的是對人們主觀經驗熟悉的事物特徵進行反方向誇張。

此法的第一步操作與正向特徵誇張法的第一步操作相同——先找到主要特徵,第二步則改為反向誇張。例如,正向誇張是讓大的更大、小的更小、長的更長、短的更短,而反向誇張就是讓大的變得非常小,讓小的變得非常大。

舉個例子,在某貓糧品牌的宣傳中,如果商家想突出自

己的品牌不會像其他貓糧那樣，讓貓咪肥胖、不健康，那麼就可以用反向誇張法來刻劃其他品牌的副作用。

畫面可以這樣設計：正常情況下，貓咪比人小，而在廣告宣傳中，就不妨讓牠變得比人還大，甚至頂破屋頂。

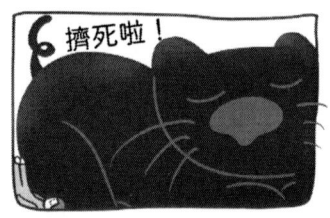

向目標群體強調要點時，不需要拿大聲公嚷嚷，也不需要重複三次，只需運用誇張法，便能造成衝擊，顛覆人們的固有思維，這時你的創意就能輕鬆有效果了。

此外，無論是正向還是反向，使用特徵誇張法時都應足夠誇張，不能只做些微誇張，要與正常現象形成鮮明對比才有助力。誇張的程度要超過事物或行為等在範圍、數量、程度等方面的邏輯極限，避免出現「明明誇張了，人家還誤以為真」的情況。

六　放大到極致的力量：特徵誇張法

例如：長頸鹿的脖子像竹竿一樣長。（×，有的長頸鹿的脖子的確像竹竿一樣長）

例如：長頸鹿的脖子繞地球兩圈。（√，所有讀者都知道你在誇張描述）

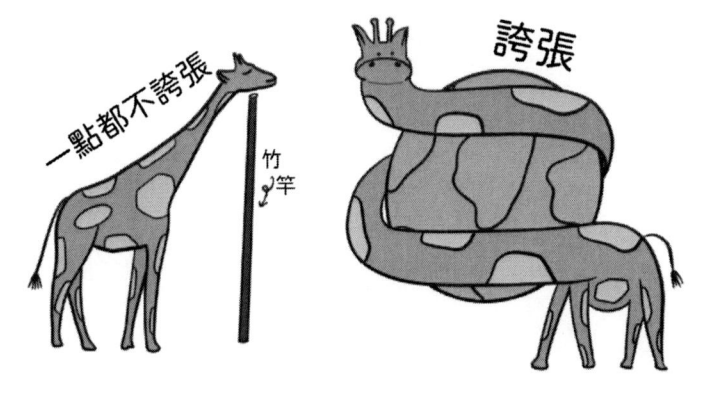

飛飛發現原來自己平時慣用的手法，只要稍加提煉，便能輸出方法論，於是決定以後多總結整理。

第二章　十大通用創意法則

創意小練習

請用特徵誇張法，畫一頭大象。	
正向特徵誇張	反向特徵誇張

064

六　放大到極致的力量：特徵誇張法

創意法則卡

特徵誇張法

- ◉ 找出關鍵特徵
  該事物最主要的／最突出的／人人皆知的特徵

- ◉ 圍繞特徵，進行正向／反向誇張
  正向：讓大的更大，小的更小
  反向：讓大的變得非常小，
  　　　讓小的變得非常大

適用情景

行銷策劃、文案策劃、畫面繪製、海報設計等

使用該方法的好處

吸睛、有趣味，顛覆固有思維，讓創意立刻顯現效果

避開陷阱指南

1. 科普性質或需要寫實的類型須慎用
2. 要夠誇張，不能只是做些微誇張，要與正常現象形成鮮明對比才能出創意效果

七　肢體比語言更真實：符號橋梁法

飛飛是一個連做夢都經常品嘗美食的「大吃貨」。某天晚上，她夢見自己吃了巧克力，那是她這輩子吃過最綿密的巧克力了，滑溜感非常逼真，像絲綢碰觸身體，像在軟綿綿的雲朵上溜滑梯。一覺醒來，飛飛還記憶猶新。她很好奇：明明自己並沒有真的吃到巧克力，但對滑溜的感覺怎麼那麼印象深刻呢？

飛飛又進一步深思：只是夢見了「絲綢」、「雲朵」、「溜滑梯」，並沒有真的吃到巧克力，便已經能產生非常逼真的感覺，如果能拆解這個夢的手法，是不是就可以將其遷移到以後的產品行銷中了？飛飛開始尋找資料，很快發現了感官橋梁法。

感官橋梁法指的是把感官當作橋梁，藉助擁有同類感覺的事物進行轉譯呈現，從而實現抽象資訊可被具體感知的效果。感官橋梁法可用於傳達感覺（包括觸覺、嗅覺、味覺、聽覺等）、情緒、關係、理念等。

1. 如何分辨具體資訊和抽象資訊

運用感官橋梁法首先需要基於目的，鎖定要呈現的感覺點。至於具體要選哪個感覺點去呈現，則可以根據行銷目的，從產品定位／產品特點／產品有別於其他產品的優點等切入點去考慮選擇，例如：巧克力的綿密口感。

需要注意，找的是感覺點，是抽象資訊而非具體資訊。

具體資訊指的是：有物理狀態、具體、可被觸控的事物，如房子、樹、鞋子等。

抽象資訊則是指抽掉了具體形象的東西，是針對具體事物的屬性、關係概括出來的資訊，如柔軟、綿密、寬闊、巨大等。抽象資訊一般會因人而異，帶有主觀性。

雖然抽象資訊會因人而異，帶有主觀性，但絕大多數人對基於具體事物的通用感覺認知幾乎沒有差別，例如，大家都會認為：糖→甜的，蛋糕→軟的，枕頭→軟的……

2. 基於感覺，找同類感覺事物作橋梁

如果是巧克力，抽象資訊可以是「綿密」。

緊接著，要基於感覺，找擁有同類感覺的符號元素作橋梁，讓抽象感覺更易被感知。例如，要呈現巧克力綿密→到底有多綿密呢？就以「綿密」為橋梁，思考什麼東西也有這種

第二章　十大通用創意法則

特質,用另外一種同樣綿密的事物去呈現它,例如夢裡的絲綢、溜滑梯、躺在軟綿綿的雲朵上⋯⋯

以「感受」為橋梁,更能呈現和傳達抽象資訊。

但需要注意,這個感受需要大眾「可感知」。例如,絲綢、溜滑梯這些日常接觸的事物都相對易感知;但例如「使用氨基矽油之後也會綿密」,雖然也能展現出綿密,然而這個資訊點不是大眾所熟知的,因此,氨基矽油便不是最佳橋梁符號。

飛飛由此聯想到更多行銷海報。例如,人們看了火鍋海報中的「沸騰的泡泡和煙、熱辣紅油、滴油的牛肚」等元素,便會饞涎欲滴,因為這些會喚起他們吃火鍋時的美好感覺。

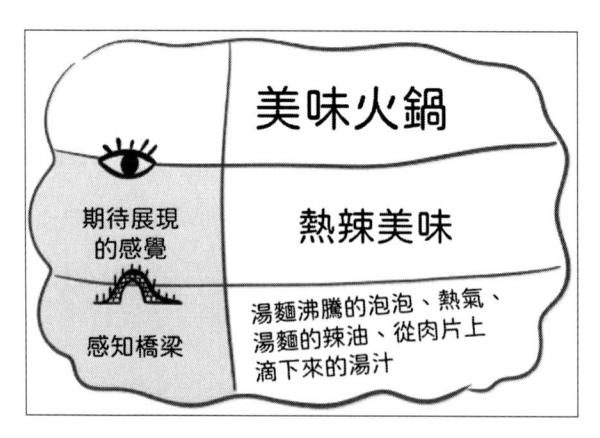

期待展現的感覺 👁	美味火鍋
	熱辣美味
感知橋梁	湯麵沸騰的泡泡、熱氣、湯麵的辣油、從肉片上滴下來的湯汁

感官橋梁法不僅可以用於傳達「感覺」,還可以傳達「情緒、關係、理念」等。「學會了這種方法,是不是以後可以寫情詩給讓自己心動的男生,把喜歡的情愫用系列符號橋梁傳達出來呢?」飛飛又開始幻想起來。

創意小練習

請用感官橋梁法呈現以下感覺。		
事物	期待展現的感覺	寫出來或 畫出來都可以
跳跳糖	彈跳力十足、 超級刺激	
醫病關係	相互感激、 彼此成就	
慈善捐款	給予的人， 會獲得更多美好	

第二章　十大通用創意法則

創意法則卡

感官橋梁法

◉ 第一步：基於目的，鎖定要呈現的感覺點

根據行銷目的，從產品定位／產品特點／產品有別於其他產品的優點等切入點考慮選擇感覺點

◉ 第二步：基於感覺，找同類感覺事物作橋梁

如：巧克力的「綿密」→如絲綢般滑順、如溜滑梯般滑溜、如躺在軟綿綿的雲朵上般輕柔等

適用情景

行銷策劃、文案策劃、畫面繪製、海報設計等

使用該方法的好處

1. 抽象感覺也能呈現出來，讓大眾容易感知
2. 可以傳達感覺、情緒／關係、理念等

避開陷阱指南

感知橋梁須是大眾能輕鬆感知／有普遍共同認知的常見事物

八　保留神祕才有魅力：神祕法

與現在的大部分年輕人一樣，飛飛桌上也擺滿了角色模型玩具。

如果在扭蛋店細心留意，你會發現一個神奇的景象——大家都拿著扭蛋在耳邊搖，試圖聽出是哪一款，飛飛也是這其中的一員。朋友不解，覺得飛飛亂花錢。看到朋友一臉不解的表情，飛飛詳細地解釋扭蛋的商業邏輯。

商家其實採用了一種典型的行銷方式——神祕法（扭蛋這種驚喜盒手法僅為神祕法中其中的一種）。神祕法，顧名思義就是故弄玄虛，不告訴使用者賣的是什麼產品，故意引起使用者的窺探欲。每個人都有強烈的好奇心，你越不告訴他這件事，他就越想知道，如此便能滿足人們的獵奇心理。神祕法有三個手法可以運用：驚喜盒法、選項法和無效馬賽克法。

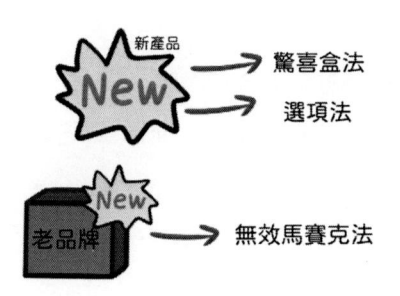

1・神祕法之驚喜盒法：完全不告訴你，讓你猜測

驚喜盒法適用於新產品，且驚喜盒中的東西要能滿足使用者的期待，即使抽到的不是自己心儀的東西，也不至於大失所望。

市面上大部分周邊商品採用驚喜盒法，因為以上兩個特點都滿足了：新產品（定期更新款式）、滿足期待（即使不是心儀的款式，但也是該群體喜歡的東西。如果心儀的周邊商品變成了一個普普通通的橡皮擦，那驚喜盒就未必有現在的熱度了）。

2・神祕法之選項法：適當給你一點提示

驚喜盒法是「不告訴你，讓你猜測」，而選項法則會適當給出一些提示。例如，可以這樣提示：「這個周邊商品是綠色的，頭上戴著小老虎帽子，沒有道具，名字中帶有一個 M 字……」引導購買者猜測，以勾起興趣度。這就有一種猜謎的感覺，增加了趣味性，充分激發了人們的參與感。

但其實周邊商品更適合用驚喜盒法而非選項法，原因在於周邊商品有一定的粉絲群體，如果用選項法，網路上會有人曝光「謎底」，那大家很快就能找到自己要買的那款產品，而非猜測，因此銷售量會大打折扣。

選項法適用於更新頻率不太高的新產品的首次露面,能讓人們在猜的過程中,不知不覺地記住產品。飛飛記起自己看過的一幅海報,也是用了選項法。海報展現了產品圖,根據產品特點(顏色、味道、形狀等),讓人們思考這類產品可能是什麼,把這些選項列出來,供人們選擇,比直接展現產品更有趣,且能讓人在不知不覺中記住這些特點。

3・神祕法之無效馬賽克法:猶抱琵琶半遮面

與適用於新產品的驚喜盒法和選項法不同,無效馬賽克法適用於一些大眾耳熟能詳的品牌(一般用於老品牌的新活動／老品牌的產品升級等),儘管打了馬賽克,消費者還是能夠一眼就看出是什麼產品。

馬賽克帶有「惡搞」的成分,一方面增加了品牌的趣味性,能為品牌帶來更高的話題熱度;另一方面,馬賽克會激發觀眾的好奇心理,帶來更多消費者及更高頻率的消費。

周邊商品不適合用無效馬賽克法的原因與上述選項法一樣,如果知道了謎底,大家就不用猜測,會直接購買自己想要的商品,那銷售量將大打折扣。

市面上一些看似隨意的玩法,其實背後都有其體系的依據和對人性的考量,不得不令人驚嘆於創意世界的有趣。

第二章　十大通用創意法則

創意小練習

假設你現在是一款預售的香蕉牛奶的產品經理，請你分別採取三種手法，繪製不同的海報，以宣傳產品。		
驚喜盒法	選項法 （給出選項猜產品）	無效馬賽克法

八　保留神祕才有魅力：神祕法

創意法則卡

神祕法

- 第一步：確立廣告屬性
  （新產品上市/老品牌的新活動）
- 第二步：判斷使用哪種手法
  （驚喜盒法/選項法/無效馬賽克法）
- 第三步：根據不同情況做廣告
  - 驚喜盒法（就不告訴你）
  - 選項法（給出選項，透過畫面猜產品）
  - 無效馬賽克法（擋了和沒擋一樣）

適用情景

海報設計、畫面繪製、形象設計、行銷策劃、文案策劃、產品行銷、腳本策劃等

使用該方法的好處

1. 製造神祕感，引起消費者的好奇心理，讓消費者產生高期待
2. 增加品牌的趣味性，增強消費者和品牌的互動
3. 為品牌帶來更高的話題熱度

避開陷阱指南

務必提高產品的實用價值，滿足使用者的需求，避免使用者的期望落空

075

九　跨界借鑑也能成就原創：跨界法

休息日，愛美的飛飛與朋友相約去逛街，結果衣服沒買到，倒是在「夾娃娃機」夾到了口紅禮品，吃了×○牌花生綿綿冰，買了化妝棉……其實飛飛是被行銷手法吸引住了，這三者似乎都採用了創意中的「跨界法」思路。回家後，她開始翻資料進行分析。

1・將A領域的形式用於B領域

「夾娃娃機」不夾娃娃，改為夾口紅等禮品，這便是跨界法中的一種，屬於借用A領域中某種已經驗證成功的手法形式，用於B領域。

「夾娃娃機」起初是玩具產品的行銷方式，以其隨機性和不確定性，帶給消費者強烈的新鮮感和刺激感。後來，越來越多的產品模仿這種方式，用自己的產品替代玩具，便有了如今的「夾口紅機」等。

夾口紅機裡還可能放置少量的滯銷款，如此便能把不太熱賣的口紅銷售出去。在這個過程中，人們會更想夾中自己想要的款式，但如果夾不到，僅僅夾到滯銷款，也比完全沒夾到令人滿意一些，因為消費者追求的是參與感和刺激感，也就不太在意口紅的色號了。

九　跨界借鑑也能成就原創：跨界法

◆跨領域（A 領域→ B 領域）：如夾娃娃機→夾口紅機

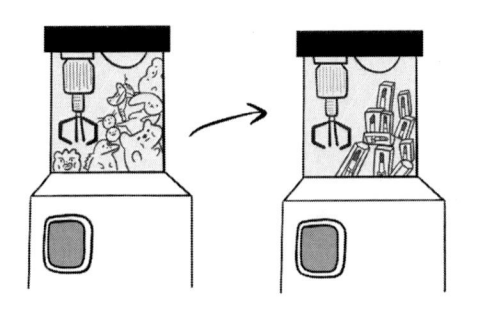

2・品牌聯名，開發新使用者

跨界法中還有一種常見的商業形式是聯名，即某品牌和另一品牌合作，將對方的品牌元素嫁接到自己身上，藉助雙方的知名度，融合各自品牌特性與文化基因，加大目標群體，產生 1+1>2 的效果。

聯名並不是兩個 LOGO 簡單疊加，要注意避免為了跨界而跨界，要強調雙方的共同屬性，保持雙方各自的特色，但又比原本的產品更出眾。

例如，飛飛吃的 ×○牌花生綿綿冰，其中的○○牌花生，原是塗抹在麵包上的花生醬，而「××牌」是一家年輕奶茶店品牌，它們聯名之後，花生醬並非只能塗抹麵包，而是拓展到可以給年輕人當下午茶；而××牌不僅獲得了想要嘗鮮的年輕群體，也獲得了老品牌○○花生醬的原有使用者，因為原有使用者也想試試花生綿綿冰是什麼滋味。

◆聯名法（兩個品牌合作）：○○牌花生＋××牌奶茶店

3. 讓獨特優勢開花，擴展更多可能性

除了以上兩種，還可以從產品的獨特優勢／功能切入，在保持產品的底層邏輯和原理不變的情況下，尋找並拓展產品優勢／功能的另一用途。

例如，飛飛購買的化妝棉，原先該品牌是生產廚房用紙，後來品牌方開始思考纖維棉吸水這種技術：除了廚房用紙，還有哪些情景有這種需求呢？透過擴散性思考和不斷改進，化妝棉就產生了。品牌方從纖維棉的吸附原理入手，實現了從廚房用紙到化妝棉的跨界擴展。

◆擴領域（A 用途→ A+B 用途）：廚房用紙→廚房用紙＋化妝棉

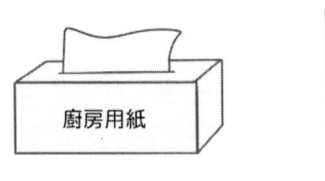

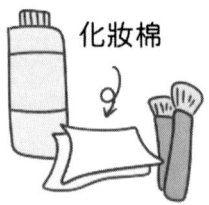

九　跨界借鑑也能成就原創：跨界法

　　總而言之，跨界法就是將兩個不同領域、不具有直接競爭關係的產品合併，把一方的元素嫁接到另一方的產品上，實現新的創意和功能，為消費者帶來新鮮感和刺激感。這種方法在產品製作和設計及產品行銷等方面經常使用。

創意小練習

假設你現在是一款巧克力品牌的產品經理，想要拓寬客群，請用跨界法進行策劃。

第二章　十大通用創意法則

創意法則卡

跨界法

- 方法1：跨領域（A領域→B領域）
- 方法2：聯名法（兩個品牌合作）
- 方法3：擴領域（A用途→A+B用途）

適用情景

文案策劃、腳本策劃、行銷策劃、產品行銷、畫面繪製、海報設計、形象設計等

使用該方法的好處

1. 吸引更多不同領域的使用者
2. 實現多功能、新創意，帶給消費者新鮮感和刺激感

避開陷阱指南

1. 吸引更多不同領域的使用者
2. 務必保持產品底部邏輯和原理不變

十　勇敢刪減才能直指核心：極簡法

最近，飛飛在忙一個沐浴露的專案。這一天，她得意地拿著剛設計出來的產品海報去找客戶，結果對方瞥了一眼就請她回去重改，說畫面太花俏了，希望簡潔、乾淨一些。下班後，飛飛路過一家店，招牌上寫著──極簡主義店，回歸事物根源，享受極致簡約的生活。隔著玻璃窗，看著眾多掛在牆上的海報和物件，飛飛決定進去尋找靈感。

1・極簡，讓事物回歸根源

極簡法，就是透過做減法，把不需要的產品資訊剔除，用最乾淨簡潔的畫面傳遞產品的核心資訊。當我們設計的產品廣告過於「豐富」和繁雜時，就會顯得雜亂，讓使用者抓不到重點。這時我們可考慮採用極簡法保持極致的簡約，這樣反而能讓使用者緩解視覺疲勞，一眼就抓住重點。

我們總想在廣告畫面上展現更多的產品資訊，讓使用者記住產品。但一個擁擠無序的空間，會讓畫面顯得髒亂，資訊冗餘，使用者反而很難在短時間內理解畫面內容，記住產品核心。

因此我們需要把畫面極簡化，根據產品核心，去除多餘資訊，重新調整海報排版，讓畫面更為簡潔。將畫面極簡化的手法有留白、色彩搭配、分解幾何形狀。

2・留白：一眼就能看到核心資訊

留白是電影、繪畫和廣告中的常用手法，它不是簡單地留出空白的意思，而是透過刪除多餘元素，合理地分配空間，減少畫面資訊因太滿而帶給人的壓抑感，從而更能突出主體資訊。

當畫面中有許多無意義、不能代表產品核心定位的元素時，比如畫面上的動物、花朵、多餘的文字等，就要考慮把它去掉，留下最能代表產品特點和主題的元素，越簡單越好，產品畫面就更清晰了。

當然，僅僅騰出空間還不足以突出資訊，要把主要資訊放大，把其餘元素縮小、弱化，留出空間，使用者的視線自然就會聚焦到重點上。

福斯汽車廣告

3・分解幾何形狀：任何物體都可以被分解

任何物體都可以被分解為幾何形狀。以簡筆畫的形式把產品展現出來，更簡潔有趣，也更能捕捉使用者的眼球。用線條簡單勾勒產品的形狀，反而會產生一種直率、酷炫的感覺。

Hut Weber 禮帽廣告

4・色彩搭配：顏色不要超過三種

我們還可以利用色彩搭配來簡化、突出產品。想讓畫面更加簡潔，就要避免畫面中的色彩繁雜，顏色最好不超過三種。可以考慮將黑色或白色等純色作為背景色，保留產品本身的色彩。

第二章　十大通用創意法則

某品牌飲品廣告

　　逛了一圈後，飛飛靈感乍現，趕緊回家製作海報。

　　其實，不僅作品需要簡化，生活也應如此，脫離對物品的執著，減少不必要的欲望和社交，學會「斷捨離」，才能撫平雜亂的內心，讓自己的人生更愜意。

十　勇敢刪減才能直指核心：極簡法

創意小練習

假設你是一款面膜產品的產品經理，需要為產品設計海報廣告。現有一段產品說明，請你用極簡法刪除多餘資訊，提取重要資訊，並採取文中的任意一種手法，在下方簡單勾勒出海報畫面。

產品說明	重要資訊	海報畫面
這是一款××品牌面膜，主要針對客群是精緻優雅的女大學生。該產品的主要成分有水解玻尿酸、維生素C多肽、冰島冰川水和膠原蛋白等，能夠預防膚色不均，增強肌膚的抗氧化能力。使用該面膜後，皮膚會變得亮白光滑和清透，給予使用者極致體驗。		

第二章　十大通用創意法則

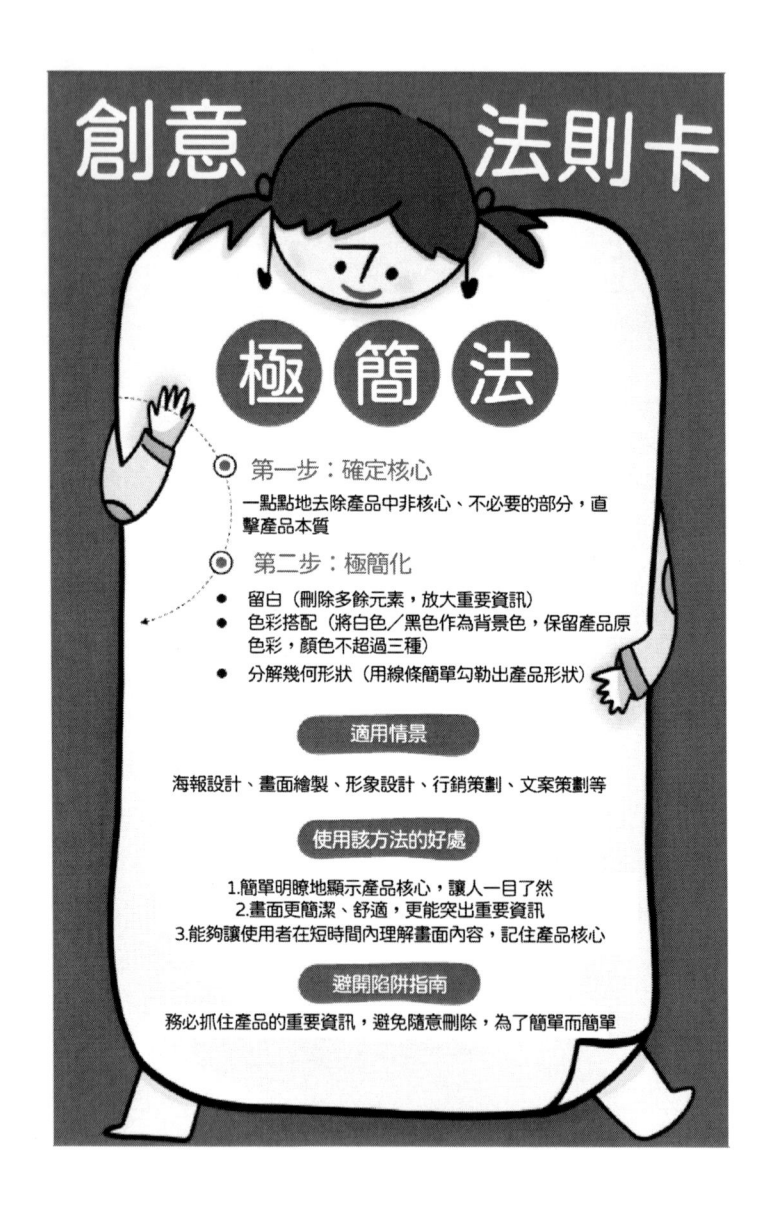

創意法則卡

極 簡 法

◉ **第一步：確定核心**
　一點點地去除產品中非核心、不必要的部分，直擊產品本質

◉ **第二步：極簡化**
- 留白（刪除多餘元素，放大重要資訊）
- 色彩搭配（將白色／黑色作為背景色，保留產品原色彩，顏色不超過三種）
- 分解幾何形狀（用線條簡單勾勒出產品形狀）

適用情景

海報設計、畫面繪製、形象設計、行銷策劃、文案策劃等

使用該方法的好處

1. 簡單明瞭地顯示產品核心，讓人一目了然
2. 畫面更簡潔、舒適，更能突出重要資訊
3. 能夠讓使用者在短時間內理解畫面內容，記住產品核心

避開陷阱指南

務必抓住產品的重要資訊，避免隨意刪除，為了簡單而簡單

第三章

文字的創意遊戲

第三章　文字的創意遊戲

一　漢字之間的巧妙曖昧：拆詞法

飛飛邁入職場有一段時間了，也存了一些積蓄，想幫自己和家人買保險，於是來到保險公司櫃檯準備諮詢。

她在櫃檯附近看到了一幅海報，覺得非常有意思，文案是：一諾不只千金。這是飛飛之前就留意的一款理財保險產品，原先該產品的文案是「一諾千金」，但由於最近該產品升級迭代了，更強調「高收益」，於是文案也跟著更新──「一諾不只千金」，既保留原文案，也展現了更新的「高收益」賣點，飛飛覺得非常絕妙。

該用法在創意中叫拆詞法，指的是在設計口號或文案的過程中，將固定片語、專業術語、俗語或諺語等耳熟能詳的詞句，透過插入其他詞句來組成新詞句，在拆解、重構的過程中，使其煥發新意。

1・延長：把詞語拆得更長，從 AB 變成 A×××B

拆詞法有一招叫延長，好比甩拉麵的師傅會捏住麵糰的兩端，用技巧將麵條拉長、拉細，變得更加勁道美味。延長法也是如此，將詞語一分為二，固定在句首和句尾，中間「甩」出一定空間，留給其他合適的詞句。

一 漢字之間的巧妙曖昧：拆詞法

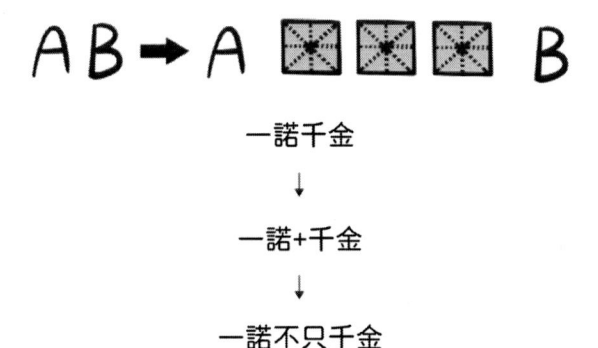

AB → A ▨ ▨ ▨ B

一諾千金
↓
一諾+千金
↓
一諾不只千金

另外，在延長詞句時，還有一些很好用的連接詞：

◆……不只……

◆……而非……

◆……唯有……

◆……皆為……

使用連接詞能夠產生強調、反差、突出的作用。

2・墊底：把詞語拆開，分別放在句尾

飛飛在櫃檯附近還看到另一幅保險行銷海報，文案為：「無須亡羊，即可補牢。」「亡羊補牢」本指出了問題才進行防範，而保險公司用「無須……即可」便將句子反轉了，暗示不用等問題出現了才防範，此時此刻就可以，號召使用者購買保險。

第三章　文字的創意遊戲

亡羊補牢

↓

亡羊+補牢

↓

無須亡羊，即可補牢

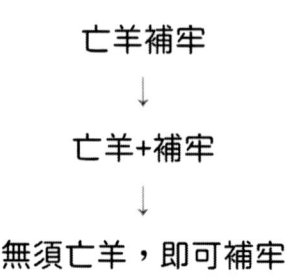

這也是運用了拆詞法，先把一個常用片語拆開，使它們都變為句尾，在中間填充其他內容。

AB

↓

A□□□，B□□□

再如流行語「都是椎間盤，就你最突出」也使用了拆詞法。

總體來說，拆詞法不僅能夠靈活運用現有的詞句「寶藏」，容易讓人理解，讓目標群體有親近感和熟悉感，而且賦予了詞句新的生命，用新意來增加廣告的辨識度和傳播度，還很容易形成新的流行語。

不過，有一點需要注意，運用拆詞法時，如果只在原本的詞句裡填入無意義的詞，很容易變成無趣的流水帳，反而失去了原有詞語的凝鍊和韻味。因此，如果拆完詞後依舊和原意相近，或者沒有反轉、強調的作用，則不適合使用這種方式。

創意小練習

拆詞法	運用詞組	運用成語	運用俗語或諺語
假設你是一款汽車的產品經理,現在你需要為產品設計海報口號。 請你用拆詞法,從以下幾個角度入手,設計幾條口號。			
延長			
墊底			

第三章　文字的創意遊戲

創意法則卡 7

拆詞法

○ 方法一：延長（AB→A×××B）

將詞語一分為二，固定在句首和句尾，中間「甩」出一定空間留給合適的其他詞句。

○ 方法二：墊底（AB→×××A，×××B）

把一個常用詞組拆開，使它們都變為句尾，在中間填充其他內容。

適用情景

廣告口號、公開演講、日常溝通、行銷策劃、文案策劃、腳本策劃、產品行銷等

使用該方法的好處

1. 使廣告口號朗朗上口，更有新意和記憶點
2. 更有趣，讓目標群體有親近感和熟悉感
3. 可增加廣告的辨識度和傳播度

避開陷阱指南

1. 切忌毫無意義地填詞
2. 拆詞後務必和原詞義不同，或產生反轉、強調的作用

二　借用他者的語言外衣：改寫法

飛飛是某脫口秀演員的骨灰級粉絲，常將該演員的一些精采段子記錄下來，比如：路見不平，繞道而行；我就是我，看自己都上火；世上無難事，只要肯放棄⋯⋯

記錄的段子數量多了，飛飛從中總結出一些「策略」。有一種策略可以叫「改寫法」，也就是引用、化用大眾所熟知的詩歌、俗語、名言和網路用語等，打破原有秩序，建立其邏輯關係的對立面，以突顯出不一樣的搞笑效果。

1・讓常見語句變成段子的靈感來源

改寫法不求「有理有據」，但求「跌破眼鏡」，因為這樣會有意外感，便於傳播。舉例來說：

{ 常見語句：路見不平，拔刀相助【原邏輯：有不平→助人】
{ 段子語句：路見不平，繞道而行【新邏輯：有不平→逃走】

{ 常見語句：我就是我，不一樣的煙火【原邏輯：提倡「我不一樣，我很有自信，很欣賞自己」的態度】
{ 段子語句：我就是我，看自己都上火【新邏輯：吐槽「我很厭煩自己」】

第三章　文字的創意遊戲

```
⎧ 常見語句：世上無難事，只怕有心人【原邏輯：提倡「難
⎨             事→努力解決」】
⎩ 段子語句：世上無難事，只要肯放棄【新邏輯：反諷「難
              事→不解決」】

⎧ 常見語句：您好，您所撥打的電話正在通話中，請稍後再撥。
⎨             【原邏輯：聯絡不到我→等一下再找我】
⎩ 段子語句：您好，您所撥打的電話已結婚。【新邏輯：不
              要再聯絡我了，不可能的，我結婚了→拒絕】
  ……
```

2・讓產品或服務擁有天然的記憶點

其實，不只飛飛喜歡的脫口秀中常用這種方法，行銷策劃領域也常常用到這一招，也就是：找出詩歌或名言中的邏輯關係，將品牌名等資訊嫁接其中。比如：

◆路見不平，登山鞋相助（某品牌鞋子廣告）

原文：路見不平，拔刀相助

原邏輯：A問題，B相助

套用邏輯：路不平→登山鞋可以解決

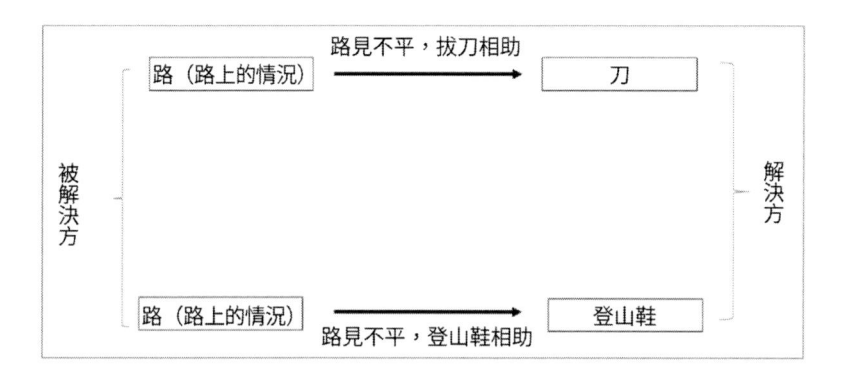

```
                路見不平,拔刀相助
      路(路上的情況) ─────────────→ 刀

被                                          解
解                                          決
決                                          方
方

      路(路上的情況) ─────────────→ 登山鞋
                路見不平,登山鞋相助
```

◆金窩銀窩,不如自己的安樂窩(房地產廣告)

原文:金窩銀窩,不如自己的狗窩

原邏輯:有 A 有 B,不如有 C(遞進)

套用邏輯:有金窩、銀窩→不如有安樂窩

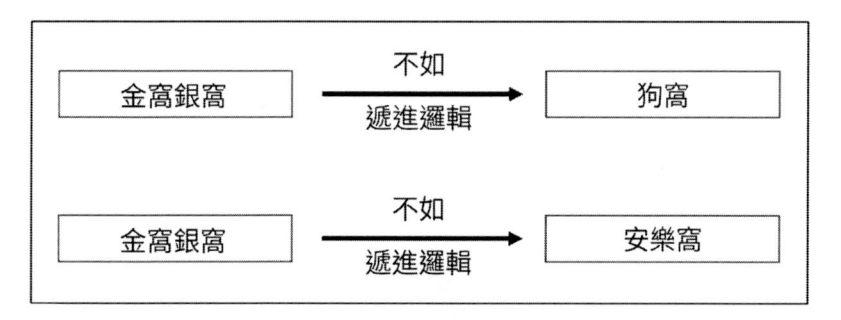

```
                不如
   金窩銀窩  ─────────→  狗窩
              遞進邏輯

                不如
   金窩銀窩  ─────────→  安樂窩
              遞進邏輯
```

「改寫法」非常適用於創意構思,因為已有的詩歌、俗語、名言本身有一定的邏輯結構和流暢度,在此基礎上進行化用和改寫,會更加順利。

第三章　文字的創意遊戲

創意小練習

原文	改寫後	使用了哪種改寫法
千里之行始於足下		
魚與熊掌不可兼得		
天生我材必有用		
失敗為成功之母		

二　借用他者的語言外衣：改寫法

創意法則卡

改寫法

方法一：段子化改寫法	第1步：找到大眾所熟知的詩歌/俗語/名言等 第2步：找出原文的邏輯 第3步：打破原有秩序，建立邏輯關係的對立面 如原文：路見不平，拔刀相助 原邏輯：有不平→便助人 對立面：有不平→便逃走 段子化：路見不平，繞道而行
方法二：行銷策劃改寫法	找到名言邏輯，進行品牌植入/套用 原邏輯：A（領域）的問題，只有B（解決方）能解決

適用情景

行銷策劃、文案撰寫、日常溝通、腳本策劃等

使用該方法的好處

1. 大眾對名言很熟悉，以其朗朗上口適於傳播
2. 出乎意料，幽默風趣

避開陷阱指南

被改寫的文案必須是大眾所熟知的

第三章　文字的創意遊戲

三　徹底誠實就是力量：極度誠實法

　　臨近「購物節」，飛飛的購物車裡堆滿了她喜歡的商品。飛飛認為，這些衣服、家居用品的廣告口號都非常真誠，能充分打動使用者，贏得使用者的信任。飛飛思索著，為了吸引顧客，只對產品的優點大加吹捧，卻對缺點避而不提，可能會適得其反。但有些商品的廣告口號以巧妙的方式把缺點展現出來，反而有意想不到的廣告效果，這種技巧可以稱為「極度誠實法」。

1・用發現美的眼睛挖掘產品優勢

　　一個產品不會完美無缺，有優點，肯定就會有缺點。

　　比如一件用花瓣刺繡的衣服，其優點是手工刺繡很獨特、很亮眼，缺點則是有點浮誇，不能用於日常穿搭。

　　如果刺繡是該款衣服最獨特的優點，那麼你可以放大優點，說明其獨特性，並誠實告知使用者工作日不適宜穿，週末可以穿。從優點著手，把優點放大，弱化缺點，讓使用者能夠接受，覺得即使有缺點，也非常想擁有。

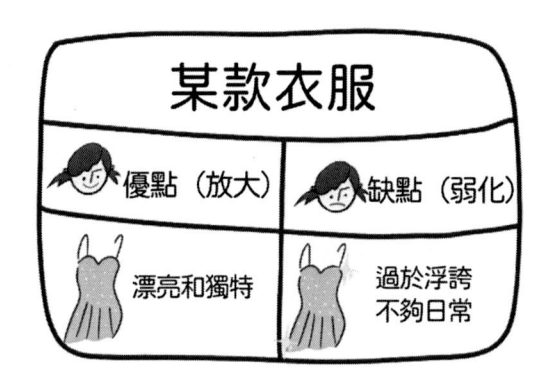

```
┌─────────────────────────────┐
│         某款衣服            │
├──────────────┬──────────────┤
│ 👧 優點（放大）│ 👧 缺點（弱化）│
│              │              │
│   👗         │   👗         │
│  漂亮和獨特   │  過於浮誇     │
│              │  不夠日常     │
└──────────────┴──────────────┘
```

2・有缺點也不怕，化短處為長處

把產品的缺點展現在大家面前，其好處是可以讓大家提前知道產品的不足之處，避免在使用的過程中，由於期待過高，而降低對產品的好感度，但如果掌握好技巧，還有可能把產品的缺點轉化成賣點、推銷出去。

換句話說，缺點也是另一面的優點，可以從缺點著手，考慮其是否有變為賣點的可能性。

例如，這件衣服看似浮誇，但在人群中特別亮眼，可以讓人一眼就注意到。這對一些享受被人注視或標新立異的人來說，就是非常好的賣點；而對一些沒那麼有自信的女孩，穿上這樣美麗又獨特的衣服，也可以讓她們變得有自信。這樣不僅能把缺點巧妙地轉化成優點，還賦予了產品一定的符號意義：浮誇、不夠日常的缺點，可以轉化成自信、不羈的態度。

第三章 文字的創意遊戲

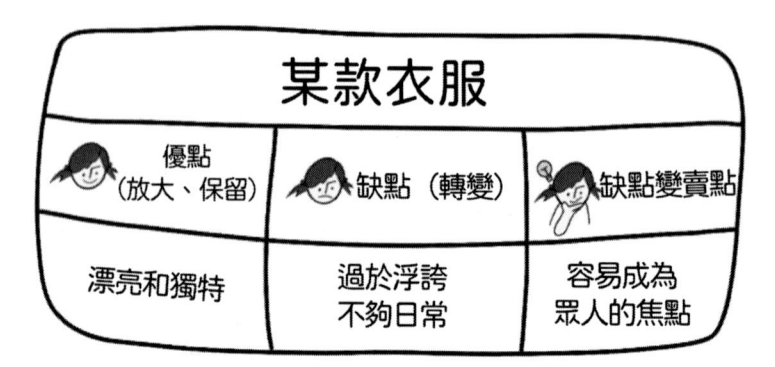

某款衣服		
優點 (放大、保留)	缺點（轉變）	缺點變賣點
漂亮和獨特	過於浮誇 不夠日常	容易成為 眾人的焦點

「極度誠實法」不僅適用於文案創意，在段子策劃和生活社交中也可以用到。比如在脫口秀中，有的選手會一直強調自己長得醜，極度誠懇地說出來，就像那句「雖然我很醜，但是我很溫柔」，外貌和才華形成鮮明的對比，反而讓他的長相成為打造記憶點的最佳方式。

三　徹底誠實就是力量：極度誠實法

創意小練習

假設你是一款防晒產品的產品經理，這款防晒產品的優缺點都較為明顯，請嘗試用極度誠實法撰寫一句行銷文案。

優點	缺點	用極度誠實法寫一句行銷文案
防晒係數業界最高	使用後皮膚容易油膩	

第三章　文字的創意遊戲

創意法則卡

極度誠實法

◉ 第一步：挖掘優點、利益點（產品優點必須大於缺點）

◉ 第二步：展現缺點

放大優點，弱化缺點
缺點變賣點

適用情景

行銷策劃、產品行銷、文案策劃、日常溝通、公開演講等

使用該方法的好處

1. 讓使用者感受到品牌的誠意
2. 提前為使用者做心理建設，提高購買產品後的滿意度
3. 為肉眼可見的缺點找一個解釋說明的機會，爭取潛在客戶

避開陷阱指南

1. 缺點一定不能是產品品質問題
2. 產品優點必須大於缺點

四　掌握出其不意的節奏：抖包袱

臨近電商平臺購物節，直播平臺上相當熱鬧，各大牌直播主把自己的口才展現得淋漓盡致，吸引了一波又一波顧客掏腰包。飛飛也不例外，這天下班後打開了某直播平臺，就被一家客戶群體為女性、賣有趣商品的店吸引了。為了不斷吸引新網友，並留住已經在看直播的粉絲，直播主在介紹每個商品時，都不斷插入各種網路梗，讓大家有種出乎意料的驚喜和愉悅，在快樂的氛圍中捨不得離去，從而看完整場直播，不斷下單購買。

飛飛看得入迷，一整天的疲憊感也被沖刷得乾乾淨淨，腦子裡突然冒出一個想法：「為了吸引更多使用者購買產品，將來公司能否也使用這種創新的形式，利用直播平臺留住新舊客戶？」說做就做，飛飛一邊聽著直播，一邊開始搜尋段子的製作方法。

一個用心的段子不是簡單地透過幽默就能產生的，一般來說，一個好段子＝鋪陳＋包袱，鋪陳和包袱分別將故事引入兩個不同的情節。前面的鋪陳不需要好笑，越正經、嚴肅，反而越能呈現效果；好笑的部分是後面的包袱，製造意外感，直呼「猜中了開頭，卻猜不中結局」。

第三章　文字的創意遊戲

抖包袱是相聲中常用的手法，即設定懸念，到關鍵時刻，把懸念和醞釀的笑料丟出來，讓觀眾一愣，繼而開懷大笑。最後這部分笑料就是包袱，也是段子的點睛之筆。這種手法，在人際關係和製作廣告時也經常使用。

通常，我們有三種手法製作包袱，分別是先抑後揚、邏輯反轉和故意曲解。

1・抖包袱之故意曲解

以飛飛看的直播為例，在推銷面膜時，直播主採用了一套話術：「說實話，真的很討厭你們這種人，表面上有一套，背地裡，補水有一套，美白有一套，消痘痘還有一套。」

這裡便採用了抖包袱中故意曲解的手法，直播主採用大眾所熟知的俗語「當面一套，背後一套」，故意曲解，將其改

變為字面的意思,讓人在開頭嚇一跳,摸不著頭緒,等包袱抖出來時,才頓覺既好氣又好笑。

◆原意:比喻一個人表裡不一,口是心非。

◆包袱:比喻一個人擁有某物品的很多種類。

◆公式:鋪陳(方向 A)+ 包袱(方向 B)

注意,包袱與鋪陳給的方向差別要大,否則達不到搞笑的效果。

2・抖包袱之先抑後揚

以下依舊以飛飛看的直播為例,在推銷隱形眼鏡時,直播主說了一個故事:「今天加班特別辛苦,眼前一片模糊,嚇得我趕緊去醫院檢查,才發現我忘了戴隱形眼鏡。」

這句話中有兩條線,前半部分結合上班族的身分,製造緊張感,最後抖出包袱、給人反轉,讓人感覺鬆了一口氣,不由得笑出聲來。

◆鋪陳:上班族加班嚴重,導致身體機能出現問題。

◆包袱:原來只是因為沒戴隱形眼鏡,才導致視力模糊。

◆公式:鋪陳(一件危急事情)+ 包袱(以另一件事打破危機)

第三章　文字的創意遊戲

3. 抖包袱之邏輯反轉

抖包袱還常使用邏輯反轉這個技巧，即在鋪陳中採用一本正經的語氣講述事實，而在包袱中採用非常規邏輯，戳中觀眾痛點，讓人哭笑不得。

飛飛在觀看直播時被直播主的這句話逗笑了：「大家在年輕時一定要努力，因為只有真正努力的人，才會明白外貌的重要。」

這句話的精采之處，在於前半段勸告當代年輕人要努力奮鬥，但後半段又抓住了當代部分年輕人工作時「躺平」的鹹魚心態，用自嘲的方式猛地抖出包袱，讓人感覺啼笑皆非。

前提：真正努力的人會怎樣呢？

◆正常邏輯→才會活出精采人生（努力是通往進步的階梯）。

◆非常規邏輯→才會明白外貌的重要（努力是沒有用的）。

◆公式：鋪陳（正常邏輯的前提）＋包袱（非常規邏輯）

直播結束了，飛飛看得意猶未盡，便把學到的新段子都記在備忘錄裡，因為她明白，光靠技巧沒用，好段子都是透過日復一日的累積和練習形成的，不僅如此，在日常生活中，也可以多使用這種方法，這會為人際交往帶來無限的樂趣。

四　掌握出其不意的節奏：抖包袱

創意小練習

假設你是一款行李箱的產品經理，現在你需要在直播時製作一套用心幽默的話術來吸引顧客。請你用抖包袱法尋找鋪墊和包袱，製作直播話術。

鋪墊	包袱	話術

第三章　文字的創意遊戲

創意法則卡

抖包袱法

- ◉ 抖包袱之故意曲解
  鋪墊（方向A）+包袱（方向B）

- ◉ 抖包袱之先抑後揚
  鋪墊（一件危急事情）+包袱（以另一件事打破危機）

- ◉ 抖包袱之邏輯反轉
  鋪墊（正常邏輯的前提）+包袱（非常規邏輯）

適用情景
廣告口號、公開演講、日常溝通、行銷策劃、文案策劃、腳本策劃、產品行銷等

使用該方法的好處
1. 廣告口號朗朗上口，可帶來反差感和意外感
2. 讓目標群體有親近感和熟悉感
3. 增加廣告的辨識度和傳播度

避開陷阱指南
1. 包袱的邏輯務必和正常思維邏輯不同，才能製造意外感
2. 包袱務必誇張，因為越誇張反差感就越大

五　矛盾與衝突是最真實的張力：衝突法

午休時間，飛飛和同事閒聊，得知他們接了一款兒童繪本書籍的短影音行銷，但是客戶覺得整體節奏太平淡，沒有記憶點，同事很煩惱。飛飛正好開著某短影音，他們聊著聊著，就被裡面一個個離奇的、充滿衝突的故事吸引住了。

飛飛靈機一動，認為可以用「衝突法」讓情境更有故事性，從故事開頭就抓住使用者眼球，避免使用者看兩眼就滑掉影片，還能提高影片的完整播放率，畢竟大家都喜歡有衝突和戲劇性的故事。衝突法是戲劇表演的常用手法，即在故事情境中設計一些矛盾和衝突，製造故事焦點，推動情節發展，環環相扣、層層遞進，使劇情更生動、扣人心弦。

1・矛盾是不可或缺的精采火花

短影音裡的那些故事之所以讓人欲罷不能，就在於有很多矛盾和衝突。如果沒有矛盾衝突，就得自己主動創造。既然要讓兒童繪本相關的故事跌宕起伏，那就先好好設計故事的矛盾點。

飛飛想：「不如就從那些精采的短影音故事裡提取共同特點，來幫助同事尋找靈感。」飛飛和同事刷了一整個下午的

短影音，最後發現，最常見的就是設計人和人之間的矛盾，即因性格、意志、對待事物的態度不同，而產生的糾紛和摩擦，比如最能讓人生氣的婆媳故事。

除此之外，還有兩種矛盾，一種是人和自然或社會環境之間的矛盾，比如職場中的女性偏見；而另一種是自我內心的矛盾衝突，主要在人物思想的過程中表現出來，比如應該追求理想，還是知足常樂？應該找愛你的人，還是你愛的人？這些也是很能引起飛飛共鳴和思考的演繹方式。

人和人之間的矛盾　　人和環境之間的矛盾　　內心衝突

針對這個兒童繪本專案，飛飛首先排除了內心衝突這種演繹方式，因為兒童繪本大多活潑有趣，富有想像力，且重視親子互動，而內心衝突更適合成年人的思考型、情緒型的展示。最後，考量到兒童繪本的主要群體是幼兒和父母，飛飛便選擇用人與人之間的衝突這種方式。

為了準確掌握幼兒和父母之間的矛盾、夫妻雙方的矛盾，飛飛還特意去問了媽媽同事。同事提到，幼兒和父母之間的主要矛盾在於幼兒無法清楚表達自己的需求，父母也無

法理解孩子哭鬧的問題在哪裡，常常對此束手無策。而夫妻之間的矛盾常常在於怎麼安排雙方承擔照顧家庭的責任，比如當幼兒哭泣時，年輕的爸爸常會因沒有解決辦法而逃避責任，導致雙方爭吵。

2. 製造衝突，讓「火」燒旺起來

釐清了矛盾點，接下來飛飛就開始製造衝突，設計出有起承轉合和高潮的劇情。飛飛提到，這一步需要把人物安排在同一個情境中，使矛盾集中在一起，讓「火」燒得更旺一點，使衝突更鮮明，讓觀眾一直處於緊張和期待的情緒中。

飛飛設計了一個情境：在一個原本溫馨的家庭裡，嬰兒的啼哭聲打破了寧靜。夫妻倆手忙腳亂，餵奶粉、換尿布，都無法讓嬰兒停止哭鬧，夫妻倆束手無策。（衝突一）

焦灼的妻子待在孩子身邊，唱著搖籃曲哄孩子睡覺，而丈夫聽見哭聲不止，心煩意亂地點燃香菸，到陽臺透氣。於是，夫妻間的矛盾、緊張壓抑的氛圍，都被嬰兒的啼哭聲放大了。（衝突二）

飛飛把設計稿拿給同事們看，同事們都表示這樣的劇情發展夠吸引人，帶著「好奇」的心情，想知道後面會發生什麼。收到大家的正向回饋後，飛飛安心準備接下來的故事編排。

第三章　文字的創意遊戲

3・讓產品服務成為衝突的解決利器

在設計矛盾衝突的過程中，飛飛意識到不能放任自己越寫越長，畢竟短影音就是要快、狠、準。經過精簡後，飛飛在結尾引入產品並昇華主題。因為在廣告中，發生衝突後必須著手解決衝突，才能滿足使用者需求，留住使用者，否則這則廣告在使用者眼裡只是無厘頭的情景劇而已。

一般來說，解決衝突的利器就是你需要引出的產品或服務。讓一系列衝突都展現在腦海中，再思考怎樣才能讓產品自然地銜接在衝突之後，又能巧妙地解決矛盾。

飛飛又設計了一個情景：在夫妻倆都非常緊張時，門鈴響了。丈夫開門後，發現門邊的信箱裡多了一本兒童繪本。疑惑的丈夫拿著繪本來到嬰兒身邊，嬰兒馬上就不哭了，夫妻倆對視了一眼，驚喜地打開繪本。妻子開始溫柔地講述繪本中的故事，丈夫則在一旁表演故事情境，孩子終於破涕為笑了，家庭又重歸溫馨。

在最後的潤色修改過程中，飛飛認為還可以在片尾展示廣告語，告訴使用者，選擇它，不是選擇這款產品，而是選擇人生態度和生活方式：××兒童繪本，一起為孩子營造愛的環境。

沒想到，自己平常看短影音的習慣，還能幫助公司專案挖掘創意。飛飛透過總結提煉，發現了這種「衝突法」，認

為只要將其融會貫通，以後可以用在各種策劃上，肯定事半功倍。

創意小練習

假設你是一款帆布鞋的產品經理，現在你需要為產品策劃一個情景劇來宣傳產品，請你根據衝突法，設想一個方案。		
衝突一	衝突二	策劃方案

第三章　文字的創意遊戲

創意法則卡

衝突法

◉ 第一步：思考矛盾點
- 人和人之間的矛盾
- 人和環境之間的矛盾
- 內心衝突

◉ 第二步：製造衝突

把人物安排在同一個情景中，使矛盾集中在一起，讓衝突更為鮮明突出

◉ 第三步：引入產品，昇華主題

選擇它，不是選擇這款產品，而是選擇人生態度和生活方式

適用情景

行銷策劃、文案策劃、腳本策劃、產品行銷、方案撰寫等

使用該方法的好處

1. 故事情節更豐富、扣人心弦
2. 讓使用者對產品廣告的印象更深刻，對產品的認可度更高

避開陷阱指南

務必使各個衝突銜接自然，不要為了展現衝突而將矛盾都擠在一起

第四章

圖像裡的創新密碼

鏡像法
組接法
情境法
關鍵字氣泡法
反差取景法
多元素融合法

第四章　圖像裡的創新密碼

一　關鍵字也能化為影像：氣泡法

一年一度的「雙十一購物節」又來了，部門需要幫一個電商平臺出一張海報圖，主要目的是吸引眼球，讓消費者知道「雙十一」會有零食大促銷。平臺提供了「基礎元素素材組」，裡面有：各品牌零食圖片、電商平臺 logo、主口號、購買規則文字等。飛飛開始進行排版，但由於素材過多，不僅畫面混亂，且由於版面限制，內容也沒辦法全部呈現。

飛飛沒想法了，默默地走到設計師背後觀望學習。設計師並沒有立刻動手製作，而是先在紙上列關鍵字：「雙十一」＞零食＞各品牌＞遊戲規則……基於這個排序，設計師鎖定了「11」這個元素作為主題，架構整個畫面。飛飛擅於總結提煉，開始記錄：

首先，基於目的，思考有哪些關鍵字；其次，整理這些關鍵字的重要層級（這裡面最重要的資訊便是「雙十一」）。

1・向內填充：讓氣泡裡長出「彩蛋」

設計師用「關鍵字法」做了兩個版本的設計提案。第一種：把關鍵字的輪廓作為設計的大容器，向內進行內容的填充融合。

第一步：把關鍵字元素描繪成空心的。

第二步：把重要的元素內容填充在關鍵字裡。

市面上有很多商業廣告運用這種方法，例如在「雙十一」的輪廓裡裝著各種商品。

關鍵字輪廓填充法的好處在於：關鍵字元素顯眼、突出，且畫面集中，非常吸睛。

2・向外延展：氣泡外長出「美麗新世界」

往裡填充是一種方式，那是不是也可以向外拓展，如此一來，是否會有不一樣的效果呢？飛飛好奇地思索著，恰好設計師的第二個提案也是這個思路——圍繞關鍵字元素進行情景化演繹。

第一步：圍繞關鍵字元素，選定最貼切的情境。例如：「雙十一」是電商節日，主要是購物娛樂情景。

第二步：將關鍵字元素化為情景的一部分，融入其中。例如，鎖定網路商城購物這個情景，把「雙十一」植入其中，周圍都是商城樂園，非常顯眼。

關鍵字情境法的好處是：關鍵字突出、顯眼，且給使用

第四章　圖像裡的創新密碼

者一種情景連結感。

飛飛覺得這樣的設計太奇妙了，還為它們取了個新名字——關鍵字氣泡法。沒被改造過的關鍵字是乾癟的，就如透明氣泡一樣，存在，但很容易被人們忽略。但如果換一種方式，將關鍵字氣泡突顯出來，就會變得十分迷人，廣告效果也豐富多了，好像在氣泡裡長出了「彩蛋」，在外面長出了「美麗新世界」。

創意小練習

請你嘗試用兩種關鍵字氣泡法，圍繞「520」（網路情人節，每年的 5 月 20 日）畫兩款電商禮物促銷海報。不用擔心畫畫技巧，隨意發揮你的想像力，盡情塗鴉吧！	
向內填充	向外延展

一　關鍵字也能化為影像：氣泡法

第四章　圖像裡的創新密碼

二　營造幻境的力量：情境法

假期，飛飛和朋友們相約玩沉浸式實景角色扮演遊戲，館內陰暗潮溼，每說一句話都會傳來回音，到處散發著陰森的氣息。飛飛在遊戲中扮演追蹤凶手的偵探，遊戲結束後仍然覺得驚悚，沒有完全從角色中脫離出來。這種奇妙的體驗，促使飛飛對產品行銷進行了重新思考：在製作廣告時，是否也可以使用情境法滿足客戶需求？

1. 區分產品行銷類型：強功能型 vs. 強符號型

使用情境法的前提是考察客戶側重的產品行銷類型，了解客戶需求。一般來說，產品行銷類型分為以下兩種：

A. 強功能型（主要突出產品功能及使用情景），如電鍋、果汁機、某款功能性 App 等。

B. 強符號型（主要突出產品使用感受，如人性、欲望、儀式、氛圍等，意味著一個產品的符號價值大於功能價值），如名貴手錶、鮮花等。

當然有的產品可能同時屬於以上兩種類型，這取決於商家本次行銷聚焦的是功能還是感受，然後依然按照上述要求，對行銷類型進行分類（如：名貴鞋子，既有穿的功能，也有塑造身分感的作用，但需要看商家側重行銷哪一方面）。

2・對於強功能型產品：呈現功效

區分好產品的類型後，你就可以開始對症下藥了。對待強功能型產品，可以使用如下的情境法。

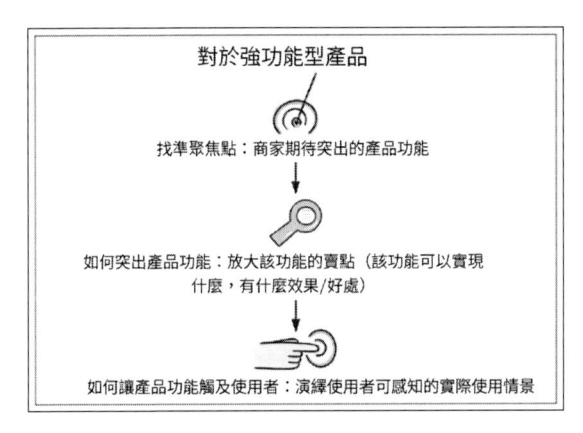

```
對於強功能型產品
  ↓
找準聚焦點：商家期待突出的產品功能
  ↓
如何突出產品功能：放大該功能的賣點（該功能可以實現什麼，有什麼效果/好處）
  ↓
如何讓產品功能觸及使用者：演繹使用者可感知的實際使用情景
```

例如，為一款搭捷運 App 打廣告，可以演繹搭捷運時的掃碼情景：

聚焦的產品功能（這款 App 的搭捷運功能）→突出產品功能，放大賣點（帶一個裝有該 App 的手機，便能暢通無阻，方便搭捷運）→觸及使用者（可感知的搭捷運情景）。

又如，為電鍋打廣告，便可以演繹由該電鍋製作出的多種美食：

聚焦的產品功能（電鍋的功能）→傳遞產品功能（一個電鍋在手，多款菜色到手）→賣點觸及使用者（可感知的各種美味菜色情景）。

第四章　圖像裡的創新密碼

整體而言，就是用視覺化的方式演繹功能的使用情景。

3. 對於強符號型產品：演繹氛圍

對待強符號型產品的方法，可以運用如下的情境法。

```
對於強功能型產品

尋找癢點：癢點指的是非必備項，屬於使用者期待達到的狀態、身分、感覺
（例如：名車、名錶，癢點就是對應的尊貴身分感）
        ↓
如何傳遞：藉助符號傳遞身分期待）
（例如：尊貴身分對應的符號，可能是別墅、高級餐廳、高階商務等）
        ↓
如何讓使用者有期待獲得感：視覺化演繹「使用後美好感覺」的
可感知情景
```

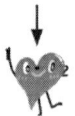

例如，一張名貴手錶的海報，主要呈現使用後的尊貴身分感，如在高檔商務場合與大老闆握手（風度翩翩），又或者在高檔情侶餐廳約會（紳士高級感）的情景等。

其中，癢點（戴上名錶後的尊貴身分感）→藉助符號傳遞（高檔商務場合、高檔情侶餐廳等元素）→讓使用者有期待獲得感（情景演繹）。

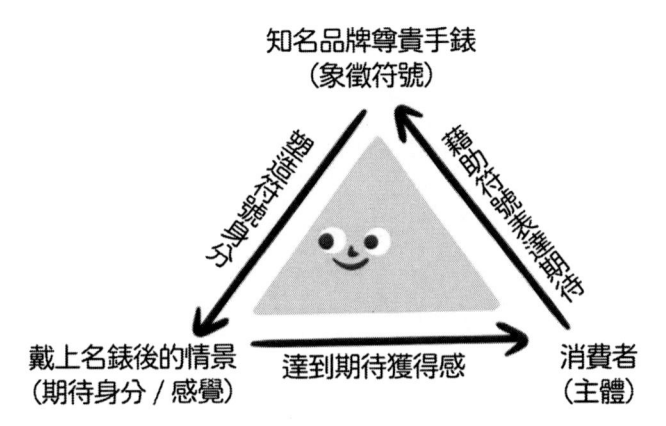

```
                知名品牌尊貴手錶
                  （象徵符號）


戴上名錶後的情景  →  達到期待獲得感  →  消費者
（期待身分/感覺）                        （主體）
```

對於強符號型產品，就是透過象徵物（產品）的情境化演繹，塑造出美好身分／感受，讓使用者獲得期待，促進消費。

總之，情境法能夠提升目標群體的感知度，無論是功能還是感受，都能完美演繹。

創意小練習

請判斷以下產品屬於強功能型還是強符號型。

1. 一款炸、煎、烘焙兼於一體的烘焙機（　）

2. 一款輕奢、100年前的拉菲紅酒（　）

3. 一款無線、傾斜觸感、順滑的電腦手寫繪圖板（　）

第四章　圖像裡的創新密碼

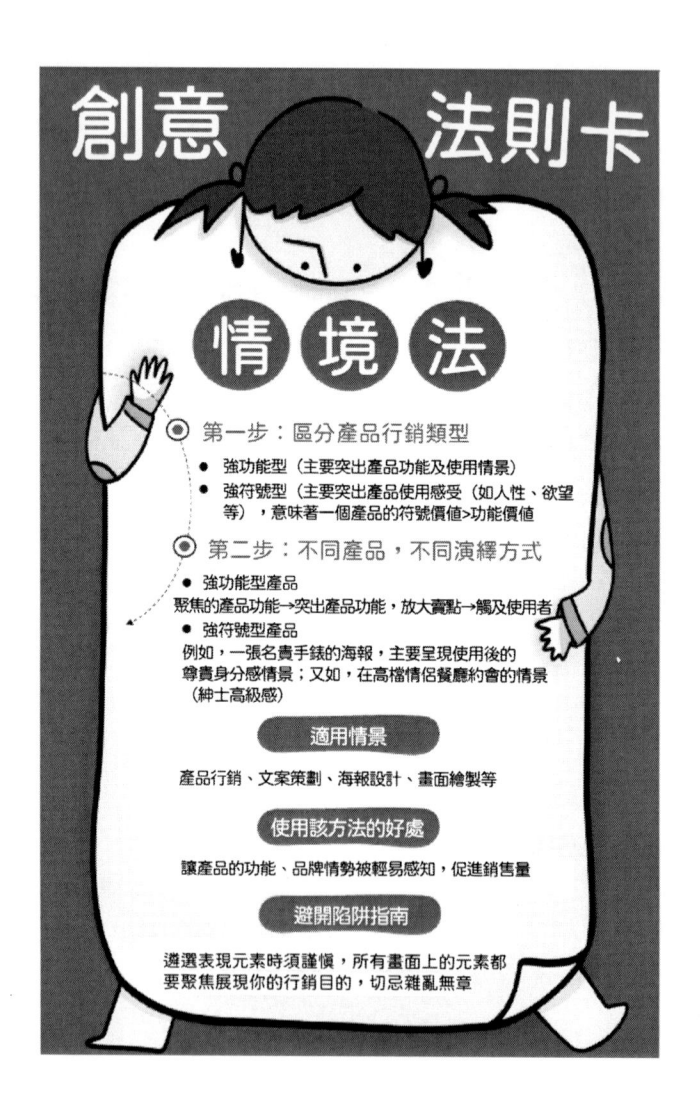

創意　法則卡

情 境 法

◉ 第一步：區分產品行銷類型
 • 強功能型（主要突出產品功能及使用情景）
 • 強符號型（主要突出產品使用感受（如人性、欲望等），意味著一個產品的符號價值>功能價值

◉ 第二步：不同產品，不同演繹方式
 • 強功能型產品
  聚焦的產品功能→突出產品功能，放大賣點→觸及使用者
 • 強符號型產品
  例如，一張名貴手錶的海報，主要呈現使用後的尊貴身分感情景；又如，在高檔情侶餐廳約會的情景（紳士高級感）

適用情景

產品行銷、文案策劃、海報設計、畫面繪製等

使用該方法的好處

讓產品的功能、品牌情勢被輕易感知，促進銷售量

避開陷阱指南

遴選表現元素時須謹慎，所有畫面上的元素都要聚焦展現你的行銷目的，切忌雜亂無章

三　場景如何塑造角色：反差取景法

富有愛心的飛飛經常義務幫助慈善協會做一些策劃、設計等工作。臨近感恩節，慈善協會準備為「愛心圖書館修建」公益活動做一張海報，想喚起更多人的愛心，讓更多人加入，為貧困山區孩子修建一所圖書館。

這是一個非常有意義的專案，飛飛決定好好思索一下。日常的公益海報琳瑯滿目，但能讓人留下記憶的並不多，如果想增加大眾記憶度，可以為海報製造「反差感」，如果大眾接受資訊時有「意外感」，便會增強記憶，在內心留下痕跡。於是飛飛決定用反差的手法，並想起了之前大學傳播學教授教她的一招 ── 反差取景法。

說做就做，飛飛開始整理反差取景法的操作步驟。

1・什麼元素能放入取景框

首先要確定主題情景，主畫面情景需要與主題關聯度高，這樣可以省去讀者理解的時間，讓讀者立刻看懂海報主旨。例如，「愛心圖書館修建」，最強關聯的情景便是「讀書」，而非毫無關聯的「喝奶茶」或其他情景。

第四章　圖像裡的創新密碼

飛飛決定將主畫面設為與愛心圖書館主題最有關聯的「一個小女孩專注看書學習」的情景。

2. 後移鏡頭，擴充更多想像空間

接著，她假設自己是攝影師，開始後移鏡頭，擴充情景。

新增出來的情景，便是可以製造反差的想像空間。

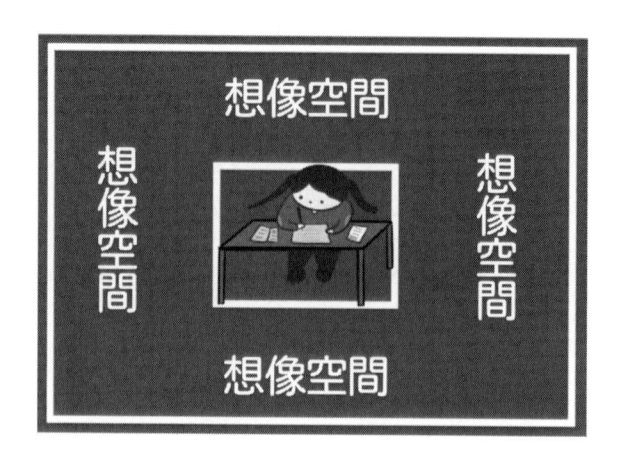

3・在新擴充的情景中,製造想像反差

在想像空間裡也不可天馬行空地胡亂想像,教授曾經給飛飛一條黃金想像公式,可以套用在這個情景中。

想像公式:原情景營造的感覺→反轉感覺→推演新情景

◆原情景:小女孩看書學習

◆情景營造的感覺/意象:專注、充滿希望……

◆反轉感覺:嘈雜,無法專注,環境惡劣,很難實現願望……

◆推演新情景:環境很惡劣的地方(這裡可自由想像,如雞飛狗跳的菜市場、拆遷現場、工地現場等都可以植入)……

根據想像公式,飛飛列出了很多意象及推演情景,然後便進行組合再造,完成了下面這張圖(小女孩專注求知,身處這樣的環境,更讓人覺得難能可貴)。

第四章　圖像裡的創新密碼

　　這個方法的神奇之處在於情景中有「感覺／情緒」的轉化和反轉。因此你會發現，已有情景與新擴充的情景會有「連結」與「對比」。「連結」的是兩個情景，變為一個情景；「對比」則是情緒上的對比。這種拉力和推力，會帶給讀者衝**擊**，讓讀者覺得出乎意料、意味深長。

　　如上述「愛心圖書館」的例子，「連結」的「學習情景」和「嘈雜情景」合而為一，「對比」的則是「小女孩的專注、求知欲」與「在惡劣環境下通常會有的無奈」。兩種感覺的對撞，更能讓讀者覺得心疼，也更願意加入愛心活動，守護小女孩的美好童年。

　　感恩節前後，海報對外進行宣導，吸引了社會各界的關注，也募集到一些愛心慈善款項，飛飛很欣慰。

三　場景如何塑造角色：反差取景法

創意小練習

任選一個情景，你也來試試「反差取景法」吧！			
步驟	步驟名稱	請填空	需注意
第一步	定情景		與你的 case 關聯度最大的情景。（如果你只是想玩一玩、試一試這個方法，則無須考慮）
第二步	後移鏡頭		四周都可以擴充，如果你只想擴充某一邊的畫布，也可以
第三步	新擴充的畫面：想像放什麼情景（可運用想像公式）	主情景	同上第一點
		主情景營造的感覺	主觀感覺，可羅列多項，到發揮創意時組合嘗試即可
		反轉感覺	主觀感覺，可羅列多項，到發揮創意時組合嘗試即可
		推演新情景	可思考圍繞反轉感覺最常見／最直接能呈現的情景是什麼

第四章　圖像裡的創新密碼

創意法則卡

反差取景法

- 第一步：取景（與主題最相關的）
  這個主畫面情景需要與主題關聯度最強
- 第二步：後移「鏡頭」擴充情景（畫布）
- 第三步：在新擴充的情景中，製造想像反差

想像公式：原情景營造的感覺→反轉感覺→推演新情景

適用情景

文案策劃、行銷策劃、海報設計、畫面繪製等

使用該方法的好處

1. 衝擊力強，有意外感與反差感
2. 有更強的情緒力

避開陷阱指南

不是為了反轉而反轉，反轉後也是為傳播目的服務的

四　讓元素彼此拼接：組接法

飛飛報名了一個培訓班，本期課程是教大家掌握影視創作、創意設計等常用的組接法。

最初，老師播放了經典電影《摩登時代》(*Modern Times*)，其中一幕讓飛飛讚嘆不已──卓別林把工人群體趕進廠門的鏡頭，與被驅趕的羊群的鏡頭銜接在一起，頓時，工人群體和被驅趕的羊群就彷彿是同類。

老師解釋，這其實是很經典的影視組接手法，其本質便是將不同的鏡頭／畫面組接在一起，產生各個鏡頭單獨存在時不具有的含義，使新組接部分與原有部分產生強化、對比或補充等新感覺，從而產生 1+1>2 的效果。這雖是影視手法，但其實在古典文學中也常被使用，例如「枯藤老樹昏鴉，小橋流水人家，古道西風瘦馬，夕陽西下」，便營造了孤清冷寂的氣氛。

其實，設計師和導演、詩人一樣，都是在有限的時間和空間進行創作。有限的時間指的是，在短時間內，透過一幅圖來引導觀眾的思維；有限的空間指的是，在一定尺寸（如 A4、A3 等大小）的紙張上發揮，雖然紙張大小有限，但是可以在畫面上進行組接，以加強對目的的表達效果，更能引導觀眾。

第四章　圖像裡的創新密碼

　　組接法有很多實現方式，常見的有局部替代、對比融合和剪影疊印。

1. 組接法之局部替代：強化現有元素

　　你看到上面這張圖的第一直觀感受是什麼？

　　雖然表現飢餓感可以有多種方式，例如肚子咕咕叫、皺眉頭等，但都沒有「舔舌頭的老虎嘴巴」更有視覺衝擊力。這便是使用了組接法中的局部替換手法。操作步驟是：

　　（1）圍繞目的，精準聚焦於一個要素。如想展現飢餓→著重的元素可以是嘴巴、肚子……

　　（2）基於想展現的目的，精準地找到可以替換該要素的其他要素。

四　讓元素彼此拼接：組接法

相信大家在植髮廣告中也看過類似案例：用沙漠替代人的某一塊頭皮，表示形勢嚴峻，頭快要禿了。

（圍繞禿頭，聚焦於一個要素 —— 頭）

（基於目的：為展現禿頭，找到也有「禿」的感覺的其他替代要素 —— 沙漠）

運用該方式的作用在於：畫面不夠，拼貼來湊。借用強而有力的組接元素，來增強表達效果。但須注意，選取的組接元素必須與原元素有關聯，不然替換了也會顯得突兀，且選取的組接元素要能為你的表達目的助力。

例如，頭頂沒頭髮，可用沙漠來組接，而不可用火山、大海來組接。反之，假設想表達一個人的憤怒，用火山來做元素則較為合適。

總之，元素本身沒有對錯，只要符合你的表達目的，便是合適的、加分的。

2．組接法之環境融合：現實元素的拼接

組接法還可透過廣告和現實元素的拼接來實現，有別於局部替代，它對現實情景的要求較高，需要在廣告和環境媒介之間找到結合點，是對現實的想像和延伸。

下面是一張世界環境日的公益海報，透過廣告和煙囪的結合，讓看過的人大受震撼。

該手法的操作步驟如下：

第一步，明確表達目的。製作世界環境日公益海報的目的是激起人們心中的環保意識，減少空氣汙染。

第二步，尋找身邊環境中可以連結的實物。如空氣汙染，相關的物體可以有汽車、煙囪……

第三步，確定主題，找到實物和廣告的結合點。以這則廣告為例，它的廣告標語是：「空氣汙染一年會殺死 60,000 人。」結合煙囪畫面，透過「殺死」一詞，聯想到了槍，這幅極具衝擊力的廣告畫面就誕生了。

當然，環境融合法對情景和想像力的要求都較高，如果只是簡單地強化氛圍或呈現精神／理念層面的資訊，可以選用下面的操作方式——剪影疊印。

3. 組接法之剪影疊印：為已有元素做補充

「剪影疊印」不是局部替代，也不是對比融合，而是將兩張或多張圖完整地進行疊印，且互為剪影，沒有明顯的拼接痕跡。

操作步驟如下：

第一步，盤點現有能使用的元素。

第二步，找出最能展現傳播目的的元素（不局限於現有的，可以多構思），例如能展現追夢的元素有玩音樂的少年、在職場奮鬥的少年……

第三步，做剪影疊印處理。

剪影疊印法中的畫面較為融合，並非割裂為幾部分，對比的效果較弱，因此較多用於「意境／理念的補充」，而非「對比」。

第四章　圖像裡的創新密碼

　　飛飛聽完這堂課獲益匪淺，開始記錄並提煉要點：

（1）拿到需求時，如果已有元素對實現你的表達目的沒有幫助，就可以考慮使用組接法。

（2）基於目的，要判斷已有素材是需要被強化，還是被對比，或者被補充。

（3）如果需要被強化，可以考慮局部替代；如果需要被對比，可以考慮對比融合；如果需要被補充，可以考慮剪影疊印。

四　讓元素彼此拼接：組接法

創意小練習

請你用三種不同的組接法，將下面同一幅畫進行二次改造！開始練習！		
用局部替代改造（你可以局部貼上去）	用環境融合改造（想像這是一張女人的臉，請你為她畫上另一半妝容）	用剪影疊印改造（可以畫上去）
表現用某款化妝品可以讓女性的肌膚變得更白嫩	反家庭暴力日海報	婦女節海報，展現新時代女性精神

137

第四章　圖像裡的創新密碼

創意法則卡

組接法

- 組接法之局部替代：強化現有元素
- 組接法之環境融合：現實元素的拼接
- 組接法之剪影疊印：為已有元素做補充

適用情景

產品行銷、文案策劃、海報設計等

使用該方法的好處

更具衝擊力，增強表達效果

避開陷阱指南

1. 選取的元素必須與原元素有關聯，否則會顯得突兀
2. 選取的元素要能為你的表達目的助力

五　鏡中世界的另一個自己：映像法

　　愛心團體最近想要呼籲更多社會群體關注一種病狀──微笑憂鬱症，主辦方認為飛飛創意點子多，便請她幫忙做廣告。富有愛心的飛飛二話不說接下任務，運用映像法讓人們直觀地感受到患者的內心世界。

1・探尋現實狀態和內心世界

　　飛飛在書中看過一句話：「鏡子裡的世界更加真實，鏡子裡面的你，其實是平行世界的另一個你。」在廣告和影視中常用這種手法：把「鏡子」（一切可以反射畫面的事物）作為通往另一個世界的媒介，展現當事人的內心世界。

第四章　圖像裡的創新密碼

在製作微笑憂鬱症海報之前，要了解什麼是微笑憂鬱症，患者的現實狀態和內心世界到底是怎樣的狀態。

現實狀態：微笑憂鬱症常發生在地位高、能力強的人士身上，他們面對人群時總是強顏歡笑，表現得若無其事，因此平常不易被人察覺。

內心世界：他們內心其實十分焦慮和痛苦，獨自一人時，情緒就會立刻低落下來。

2・利用好身邊一切的「鏡子」

接下來，可以找「鏡子」展現內心世界。這裡的「鏡子」不局限於平面鏡，任何可以反射光線的東西，都可以成為道具，如水面、眼睛、眼鏡、窗戶、玻璃杯、影子等。

3・以鏡子為媒介：讓內心世界顯現

透過「鏡子」可以將主角內心世界較為抽象的東西直觀地顯現出來，甚至可以和現實世界形成鮮明的對比。

有兩種方法可以透過「鏡子」展現另一個世界：一種是映

像對映法,另一種是映像呼應法。

(1)映像對映法 —— 進入他人的內心世界。映像對映法指的是將「鏡子」作為另一世界的入口,把觀眾帶入主角的內心世界。這樣一來,讀者不僅能感同身受,整體的感受氛圍也會更加強烈。

在飛飛做的廣告裡,患者一觸碰到鏡子就會被「拉」進海底,觀眾便能對他的痛苦和窒息感同身受。

(2)映像呼應法 —— 現實世界 vs. 內心世界。另外一種是映像呼應法,即讓現實世界和內心世界同時出現在畫面上,這樣帶來的視覺衝擊會更加強烈,讓觀眾留下更深刻的印象。

飛飛的廣告也同樣設計了一幅畫面:患者笑著對主管侃侃而談,而主管眼睛裡卻對映出患者的悲傷。

「鏡子」反映的是人物真正的現實情況。透過製造反差,將現實世界和內心世界進行對比呼應,會讓人留下更深刻的印象。

第四章　圖像裡的創新密碼

　　原來，有種「微笑」並不是人發自內心的真實感受，而是一種負擔，久而久之，更會成為憂鬱的情緒。飛飛的海報推出後迴響很大，許多人想報名參與活動，嘗試走進患者的內心世界……

創意小練習

假設你是一款藍牙耳機的產品經理，產品定位是音質好，能讓人產生愉悅感。請你用鏡像法中的兩種手法設計幾個畫面，以突出產品定位。

鏡像法	畫面
鏡像映射法	
鏡像呼應法	

五　鏡中世界的另一個自己：映像法

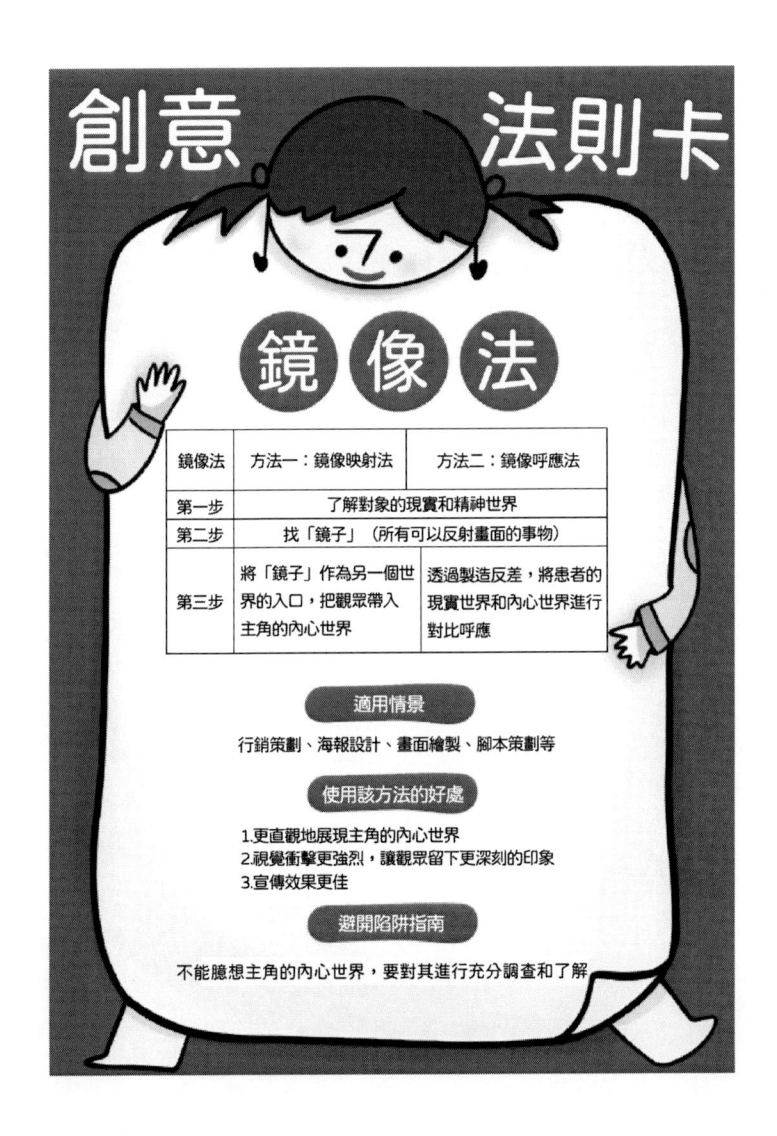

創意法則卡

鏡像法

鏡像法	方法一：鏡像映射法	方法二：鏡像呼應法
第一步	了解對象的現實和精神世界	
第二步	找「鏡子」（所有可以反射畫面的事物）	
第三步	將「鏡子」作為另一個世界的入口，把觀眾帶入主角的內心世界	透過製造反差，將患者的現實世界和內心世界進行對比呼應

適用情景

行銷策劃、海報設計、畫面繪製、腳本策劃等

使用該方法的好處

1. 更直觀地展現主角的內心世界
2. 視覺衝擊更強烈，讓觀眾留下更深刻的印象
3. 宣傳效果更佳

避開陷阱指南

不能臆想主角的內心世界，要對其進行充分調查和了解

六　駕馭雜亂，創造和諧：多元素融合法

1. 想以任何形式黏在你身上

多元素融合法，顧名思義，是指將兩個或兩個以上的視覺元素放置在一起，透過對它們進行融合，構成一個新的系統化整體。

多元素融合法的操作步驟如下：

第一步，盤點需要融合的元素。

第二步，思考元素如何融合才更和諧。思考融合的方式有以下三種：

（1）成為主體的一部分。如星巴克的 logo 海妖賽蓮長出魚尾巴等，屬於在主體上做融合。

（2）成為道具／配件。例如，運動會吉祥物在主體之外，用道具去承載元素，不僅可以是外殼，也可以是包包、鞋子、帽子、眼鏡、武器等，一切道具都可以為你所用。

（3）成為背景／花紋／紋理／圖案。例如，吉祥物衣服上的運動會 logo，某件主題衣服上都是某種花紋元素，某個 logo 的背景代表某種含義……等，可以理解為不放掉每一個可以呈現含義的機會。

六　駕馭雜亂，創造和諧：多元素融合法

有時由於元素過多，若融合的技巧不高，就容易有拼湊感，也可能較繁複，因此要注意思考用哪種具體方法來展現元素，不要局限於其中的某種方式，也可以是幾種方式的自然結合。

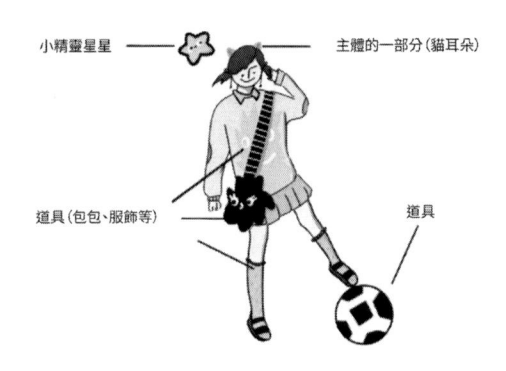

2・你中有我，我中有你

還有一種特殊的融合方式──互嵌式融合，即利用正負空間的差額形成視覺效果，呈現想要展現的元素形態，用一句很美的話來闡釋，便是「你中有我，我中有你」。

舉個例子，一家小熊咖啡店，其 logo 圖示需要含有「小熊」和「咖啡」兩個元素。如果以小熊為正形，以咖啡為負形，希望突出「小熊牌」，那可以這樣呈現：

145

第四章　圖像裡的創新密碼

如果以咖啡為正形,以小熊為負形,希望突出「咖啡」,那麼可以如此呈現:

這種方法常見於圖示型 logo。如果你仔細留意,會發現有很多大牌 logo 採用這種方法,如星巴克,也有一些創意海報會運用該手法。

藉由一個熱門話題,便吸收了這麼多新資訊,但飛飛並不滿足於此,又開始思索:「為什麼設計師能夠想到那麼多元素,而自己總是才思枯竭、創意不夠呢⋯⋯」(接下文)

六　駕馭雜亂，創造和諧：多元素融合法

創意小練習

請你運用多元素融合法，將小熊、蜂蜜罐、英文品牌 Lovely Bear 等元素融合起來吧！嘗試在下方空白處塗鴉。

第四章　圖像裡的創新密碼

創意　法則卡

多元素融合法

- 第一步：盤點需要融合的元素
- 第二步：思考元素如何合體才更和諧
  - 成為主體的一部分
  - 成為道具/配件
  - 成為背景/花紋/紋理/圖案：如衣服上是某種花紋元素

適用情景

海報設計、形象設計、畫面繪製等

使用該方法的好處

1. 含義豐富
2. 主體獨特（因為不同的元素、不同的組合方式構成了這個新的獨特主體）

避開陷阱指南

須特別注意和諧性，不能胡亂拼接，否則會有違和感

第五章

鍛鍊創意的五大工具

第五章　鍛鍊創意的五大工具

一　聯想能撐起全新世界：聯想法

續上文：藉由一個熱門話題，便吸收了這麼多新資訊，但飛飛並不滿足於此，又開始思索：「為什麼設計師能夠想到那麼多元素，而自己卻總是才思枯竭、創意不夠呢？」好學的她立刻報名參加了一個關於聯想法的培訓。

想用聯想法找到好創意，首先要找到聯想的支點，任何聯想都需要一個主題作為中心，圍繞著它進行擴散性聯想。

1. 聚焦一個關鍵字，讓靈感最大程度爆發

聯想也有技巧，老師分享一個很好用的聯想技巧，叫「九宮格聯想法」。

九宮格聯想法是一個強迫腦力激盪的思考工具，甚至可以說是一種思考方式，是一種利用九宮格矩陣圖擴散性思考的方法。

九宮格的中央便是需要「被聯想」的關鍵主題，可向四周進行擴散性聯想。

聯想1	聯想2	聯想3
聯想4	關鍵主題	聯想5
聯想6	聯想7	……

有時根據需求,甚至可以設定一個要求或方向,進行擴散性思考。

九宮格聯想法的好處在於:拋開雜念,只聚焦於一個關鍵字,讓靈感最大程度地爆發,並且有更多想法可以繼續向外擴充。

2・不同的策劃,可以有不同的屬性聯想

關於聯想,有四種常用的屬性指向:實轉實、實轉虛、虛轉虛、虛轉實。

「實」可以理解為實際物理空間存在的客觀事物,如熊貓、奧運場館;「虛」可以理解為抽象的詞彙,如快樂、5G時代、生活、希望等。

第五章　鍛鍊創意的五大工具

（1）實轉實——從一個客觀事物，聯想到另外的客觀事物。實轉實的方式有利於從一個元素擴散出多個元素，常被用於創意策劃。

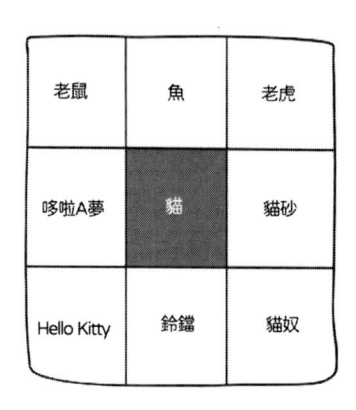

老鼠	魚	老虎
哆啦A夢	貓	貓砂
Hello Kitty	鈴鐺	貓奴

（2）實轉虛——從一個客觀事物擴展聯想到抽象的描繪。實轉虛的方式，有利於從一個物體聯想到能夠描述該物體的其他詞彙，常被用於概念提煉。例如，下面的圖片內容就可以擴寫為：貓是一種可愛、好奇、貪吃、慵懶、高冷，且毛茸茸、柔軟的動物。

可愛	慵懶	動物
高冷	貓	毛茸茸
好奇	貪吃	柔軟

(3) 虛轉虛 —— 從一個抽象的詞語聯想到另外的抽象詞語，常被用於隱喻創作。

快樂	未來	夢想
美好	**童年**	時光
天真	憧憬	好奇

(4) 虛轉實 —— 從一個抽象的詞語聯想到具體的客觀事物。常被用於影像創作（具象化創作）。

冬季奧運Logo	場館	滑冰
火炬	**冬季奧運會**	冰
冰上曲棍球	雪橇	雪花

153

3・九宮格聯想法的升級版本：蓮花法

還有升級版本蓮花法，它是一種四面八方、翻倍擴散性思考的方式。

8個創意可以生出64個創意，如果創意無限，還可以生出512個創意，然後把這些想法加以精簡，就可以得到自己需要的。

再過幾天就是表妹的生日，飛飛正在替她策劃驚喜慶祝方案，開始從中間進行靈感擴散：

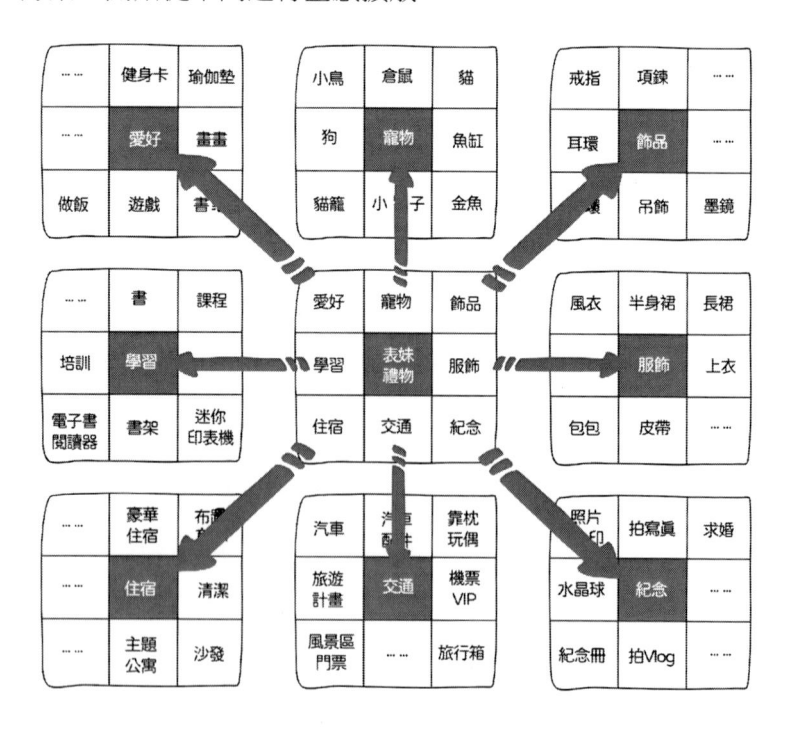

一　聯想能撐起全新世界：聯想法

　　以上方法不僅可以作為個人的聯想工具，甚至可以作為團隊中的腦力激盪工具，比如利用九宮格進行聯想接龍，匯聚大家的創意。

　　九宮格思考法還有一個學術名詞，叫做曼陀羅思考法，不僅適用於聯想，甚至可以作為工作流程或決策工具使用。

創意小練習

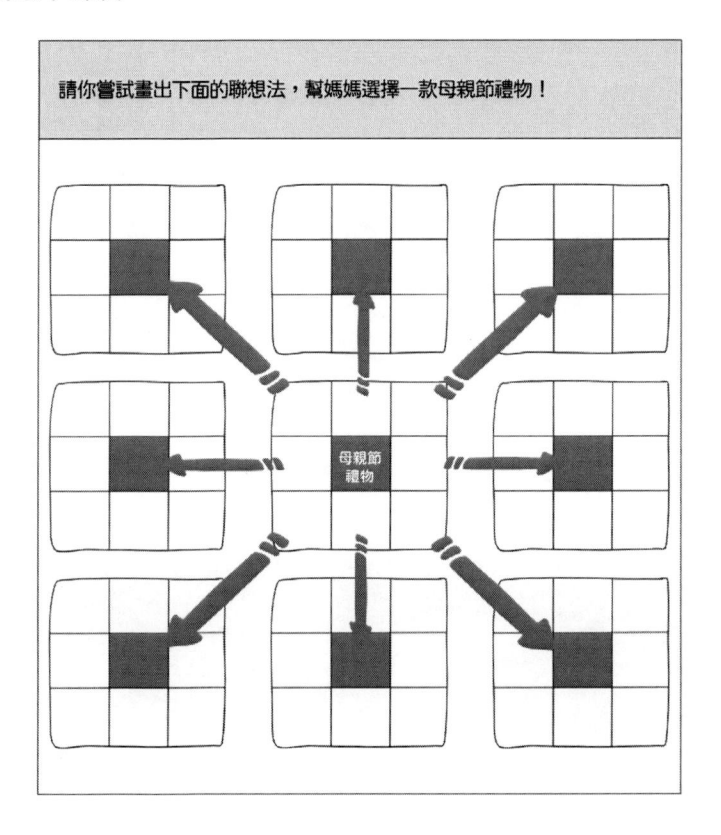

請你嘗試畫出下面的聯想法，幫媽媽選擇一款母親節禮物！

母親節禮物

第五章　鍛鍊創意的五大工具

創意法則卡

聯想法

- 第一步：找到聯想支點
- 第二步：九宮格發散聯想
- 九宮格指向聯想
  - 實轉實（如：貓→魚、老鼠……）
  - 實轉虛（如：貓→可愛、慵懶……）
  - 虛轉虛（如：童年→天真、美好……）
  - 虛轉實（如：冬奧→場館、火炬……）
- 九宮格升級聯想

適用情景

行銷策劃、文案策劃、腦力激盪會議、專案流程整理等

使用該方法的好處

1. 強迫腦力激盪，啟發聯想，是創意生成的好工具
2. 使創意的生成更有「借力橋梁」

避開陷阱指南

1. 勤記錄，對任何想法都要寫下來，不要僅停留在腦海中
2. 創意過程中不批判任何想法，因為最終定論前，任何想法都有可能是好想法

二　問對問題就是答案：提問法

飛飛最近接了一款香薰產品的廣告策劃，令她意想不到的是，從收到需求到想出創意思路，她並沒有用多少力氣，只是多問了幾個問題，最後呈現的效果出奇得好，不禁感慨：「創意點居然是靠提問獲得。」

1. 透過提問便能了解需求

在很多情況下，大部分人收到需求便開始執行，而沒有透澈了解需求，導致交付的成果，往往不符合客戶需求。

飛飛從本次實踐中學到，接到一個案子，首先要清楚客戶需求，只有目的明確，做出來的創意才不會偏離，才能解決實際問題。

而飛飛這次為什麼能夠「快、狠、準」地擊中客戶的需求呢？原來，在了解專案需求的前期，飛飛採用了「5W+1H」法則，深度解析關於專案的具體資訊，分別是 what（是什麼），who（誰），why（為什麼），when（什麼時候），where（在哪裡），how（怎麼樣）。

經過實踐，效果還滿好的，於是飛飛開始進行復盤：

第五章　鍛鍊創意的五大工具

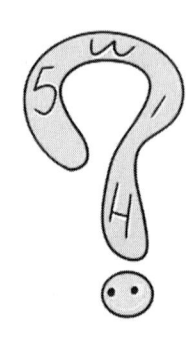

切入點一：what（這是什麼東西？）

飛飛 ── 這是一款什麼樣的產品？

客戶 ── 這是一款香薰，由乾花製成，它的香味可以飄散很久，能夠去除房間裡的臭味，還有助眠功能。

切入點二：who（誰在看／誰在用／誰提出來的……）

飛飛 ── 這款香薰主要客戶群是誰？

客戶 ── 職業女性。

（關於這一點，還可以了解需求由誰提出，是誰進行拍板。這些問題都有利於專案的進行。）

切入點三：why（為什麼是它？）

飛飛 ── 為什麼這次行銷專案選擇做這個產品？

客戶 ── 經過市場調查，職業女性普遍壓力較大，睡眠品質不好。希望透過這次推廣，能夠讓更多人知道並採購本產品，提高普及度和銷售量。

切入點四：when（什麼時候推出？）

飛飛 —— 專案在什麼時間截止？什麼時候要對外推出？

客戶 —— 預計在 3 月 8 日婦女節推出。

切入點五：where（在哪裡推出？）

飛飛 —— 在哪個平臺推廣這款產品？

客戶 —— 影音平臺和購物平臺。

（飛飛飛快地分析，如果在影音平臺，需要準備接地氣的影片指令碼；如果在購物平臺，那就需要設計吸引人的海報或活動。）

切入點六：how（怎麼做？）

飛飛 —— 你們有沒有設想過怎麼進行？或期待我們怎麼推動？

客戶 —— 我們期待你們朝這幾個方向做……

此處並非「伸手牌」請教客戶怎麼做，而是屬於前期需求調查，了解對方的內心預期以及以往經驗（如：客戶是否有預備方案，或覺得別的品牌是否有值得借鑑的地方；客戶以往的同類型產品是怎麼做的……），再根據對方的需求，思考怎麼做出滿意的交付方案。

到這個步驟，關於需求的大部分資訊已經很清晰了，但提問時需要注意，能讓客戶激盪的、認真思索的問題才是好

問題,對大部分脫口而出的問題,記得向客戶追問是否有更多的資訊輸出。

前期提問做足了,後期的交付才能讓客戶滿意的機率更大。

就像下面兩幅圖所示,不經過提問、直接開始的專案,服務方以為自己已經向客戶交付很多了,但其實屬於「硬給」——給了很多客戶根本不需要的東西;而學會提問後,給的東西才是客戶想要的,且比客戶想要的再多一點、再深入一點,才能實現超預期交付。

沒有深度提問就開始的專案

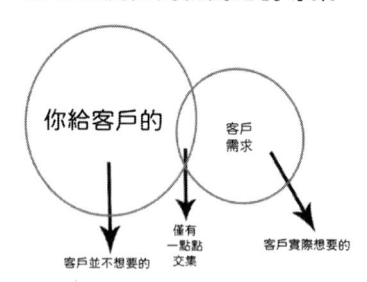

你給客戶的　客戶需求

客戶並不想要的　僅有一點點交集　客戶實際想要的

深度提問了解後的專案

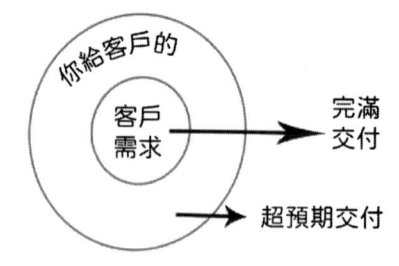

你給客戶的
客戶需求 → 完滿交付
→ 超預期交付

2・創意點也可以透過提問得出

透過提問,還可以產出一個好創意。世界上的偉大創意都是透過提問想出來的,只有保持對一切的好奇心,把困惑變為問題,我們才能探尋問題的答案,得到一個好的創意。

飛飛依舊拿香薰廣告為例進行復盤,她從關聯、假設、反向、原因、措施和結果這六個切入點進行提問。

關聯:A 和 B 有沒有可能掛鉤?

首先要保持對世界的好奇心。接到這個專案後,在當天看到的任何東西,都可以和這個產品連結在一起,天馬行空地進行提問。

例如,當看到路上的花,飛飛便會想:「這些花會不會因為香薰的氣味而盛開呢?」

路過一座橋時,她又會想:「這座橋會不會因為香薰的味道而沉睡呢?」

第五章　鍛鍊創意的五大工具

假設：如果……會怎樣／怎麼辦？

假設提問最有趣，可以想像一個不可能真實存在的情景和事情，並思考：「這些事情可能發生嗎？如果發生了，會有什麼樣的結果呢？」

例如：「點燃香薰的時候，如果裡面的乾花復活了怎麼辦？」
「如果周圍的野獸聞到氣味，都跑過來了會怎樣？」
「如果這個香薰的氣味可以散發到世界另一端，會怎樣？」

反向：如果反過來會怎樣？

反向提問就是朝著產品相反的定位去提問。就像那個著名的故事，當蘋果從樹上落下來時，牛頓想：「為什麼蘋果不會往天上飛呢？他因此而發現了萬有引力。」

繼續拿香薰舉例，香薰本身的功能是除臭，還可以助眠。飛飛從相反的方向思考——如果它不這樣呢？

為什麼香薰一定是香的呢？香薰為什麼不能是臭豆腐味道的、榴槤味道的，說不定會有忠實小眾粉絲使用者呢？香薰為什麼不能是咖啡味道的，說不定會讓人們越來越清醒，產生提神的功能呢？

原因：為什麼會這樣？

在日常生活中，尤其是小孩，他們天生就喜歡問「為什麼？」。保持這樣的好奇心，多去深挖一件看似普通的事情背後的原因，創意說不定就會噴湧而出。

二　問對問題就是答案：提問法

針對這款香薰，飛飛好奇地想：

「為什麼它的香味可以持續這麼久？」

「為什麼要用花來做香薰呢？」

「為什麼聞到某些熟悉的味道，就會想起前男友呢？」

「為什麼聞到這個氣味，人就會想睡覺？」

措施：怎麼做才能達到××效果？

提出問題，最重要的是想辦法解決問題，從問題中總結相關屬性，盡可能地提出更多、更有效的措施。

如何才能讓香薰產生更好的助眠效果？乾花＋點燃蠟燭＋聞到氣味＝助眠。因此，飛飛從中總結出根據散發氣味的物體、使用方式和接收管道這三個屬性進行思考：

把乾花換成綠葉，或者動物的軟毛（如羊毛），會不會有更好的效果？

不需要點燃蠟燭，把它放在水裡，會不會產生一樣的效果？

可以設計一種不需要聞到氣味，只要一看見就能助眠的香薰嗎？

結果：××情況下，會有怎樣的效果？

想像一下，在不同的情景、不同的人群，以不同的方式使用這款產品，會產生什麼樣的效果？

在春天和冬天使用這款香薰，分別會產生怎樣的效果？

第五章　鍛鍊創意的五大工具

屋裡的老鼠聞到香薰的氣味,會立刻睡著嗎?

把香薰裡的乾花挑出來裝飾屋子,會有助眠的效果嗎?

一個簡單提問,背後竟有如此多的講究!多提問,在心裡形成「十萬個為什麼」,或許人人都能成為創意大師了。

創意小練習

假設你是一款帆布鞋的產品經理。 這款帆布鞋專為愛好運動的人士設計,產品定位是輕便,請你用提問法設計一個創意廣告。	
提問法則	問題
關聯	
假設	
反向	
原因	
措施	
結果	

164

二　問對問題就是答案：提問法

創意法則卡

提　問　法

◉ 一、提問了解需求
- 切入點1：What（這是什麼東西）
- 切入點2：Who（誰在看／誰在用／誰提出來的）
- 切入點3：Why（為什麼是這個東西）
- 切入點4：When（什麼時候推出）
- 切入點5：Where（在哪裡推出）
- 切入點6：How（怎麼做）

◉ 二、透過提問啟發創意
- 切入點1：關聯
- 切入點2：假設
- 切入點3：反向
- 切入點4：原因
- 切入點5：措施
- 切入點6：結果

適用情景
人際交往、廣告策劃、專案決策、腦力激盪等

使用該方法的好處
1. 快速有效地釐清專案的需求
2. 利用擴散性思考，得到一個好的創意

避開陷阱指南
1. 多用「最」提問
2. 提問時不要帶有自己的主觀意見和判斷

三 沒有連結？
　　那就創造連結：捆綁組合法

在為客戶策劃指令碼時，很多同事的創意常常被客戶嫌棄過於老套，沒有什麼新意，無法和現在的讀者群體產生互動連結。而飛飛是公司的創意小達人，因此大家紛紛去請教她。飛飛便和大家分享一個自己常用的鍛鍊創意小祕笈──「捆綁組合法」。

「捆綁組合法」的基本思路就是透過自己的聯想能力，發現兩個或兩個以上詞語中的共通點或連貫性。簡單來說，就是隨機列舉幾個詞語，為它們撰寫一段故事。故事無論是抽象的還是現實的都可以，目的在於跳出固有思路，發現更多的創意點，從而鍛鍊創意人員的想像力和擴散力。

1・設計你的創意靈感卡組（遊戲）

大家圍坐在一起，每位同事都會拿到五張空白卡片，各自在卡片上寫下詞語即可。遊戲對詞語本身的詞性或定義不做任何要求，實際存在的或虛擬的，地點或時間，天使或昆蟲，情緒或俗語⋯⋯全都可以，多多挖掘。

之後，將所有人寫好的詞語卡片蒐集在一起，打亂順

序，再每人抽取三張，根據抽到的詞語，創作一個全新的故事。

在思考詞語時，可以從以下幾方面切入：

◆它們之間有什麼共通點？

◆如果它們存在於同一空間，會發生什麼？

◆如果它們融合成同一個事物，會是什麼樣子？

◆如果 A 變成 B，要怎麼操作？

◆如果故事的結尾必須是悲劇／喜劇／恐怖／浪漫的類型，該如何起承轉合？

……

這樣既可以跳出傳統的「5W」敘事法則，不落俗套，也可以發現詞語中除了原意之外更多的可能性，從而真正地達到鍛鍊創意能力的目的。

2・創造的故事要既生動又合理（舉例）

飛飛抽到的詞語是「陽光」、「報紙」、「瀕死」，既有實際的物品（報紙），也有自然現象（陽光），還有抽象的狀態類詞彙（瀕死），可謂「群英薈萃」。

經過一番構思，飛飛向大家展示了自己的強大想像力——

2122 年，地球進入高度科技化、智慧化時代，人們與人工智慧合作、開拓了更多的產業領域，比如每件物品都可以透過演算法，與相關記憶畫面進行記錄、儲存。

然而，能源短缺問題依舊沒有得到解決，這個時代的人只好選擇儲存陽光，利用新技術，讓陽光變得像電池那樣可以隨取隨用，但依舊治標不治本。

隨著陽光電池的枯竭，節能的話題被擺上檯面，人們盡可能根據滿足工作生活的基本需求使用能源。而儲存物品記憶畫面需要消耗部分能量，也不屬於必需品，普通家庭為了節省陽光，一般會選擇消除物品攜帶的數據。

但有位老人是例外，他隨身攜帶一份報紙，即使缺乏陽光、錢不夠用，也沒有捨棄。

後來，記者打開報紙的記憶畫面才明白，每天清晨他都會請寵物狗幫他去郵局拿回當天的報紙，然後和妻子的照片一起度過美好的早上。他只是想保存自己和亡妻以及寵物狗在一起的美好畫面罷了。

故事結束後，同事們都說——猜中了開頭，卻沒猜中結局。

3・出其不意，讓故事峰迴路轉（解析）

飛飛進一步闡述了自己的創意過程。她原本就喜歡科幻類的小說和電影，抽到「瀕死」詞卡時，就有種世界末日的氛圍感。同時，藉助第二步的思維切入提示，盡量擺脫直接利用「陽光」作為天氣要素的傳統故事思路，而選擇將「陽光」客體化、物品化。接著，與世界末日的氛圍進行搭配，並將「陽光」與「報紙」兩件物品進行關聯組合，設計了這個情節。最後，因為想寫一個悲情、令人感動的故事，便加入了容易引起共鳴的老人、寵物狗角色，用回憶來渲染此刻的孤獨寂寥。

「捆綁組合法」非常適合用來鍛鍊提升創意能力，創意人員可以將各種常見事物進行戲劇化組合，最終一起發揮出更大的能量和魅力。

第五章　鍛鍊創意的五大工具

創意小練習

請你分別根據以下三組詞語，創造屬於你自己的獨一無二的故事（可繪製或描述故事）。		
鴿子　煙霧　沙漠	警告　蜂蜜　領帶	釣竿　龍　女明星

三　沒有連結？那就創造連結：捆綁組合法

創意法則卡

捆綁組合法

◉ 第一步：設計詞卡（無任何要求）

◉ 第二步：蒐集並抽取詞卡

◉ 第三步：創作故事
- 切入點1：它們之間有什麼共同點？
- 切入點2：如果它們存在同一空間，會發生什麼？
- 切入點3：如果將它們融合成一個事物，會是什麼樣子？
- 切入點4：如果A變成B，要怎麼操作？
- 切入點5：如果故事的結尾必須是悲劇/喜劇/恐怖/浪漫的類型，該如何設計起承轉合？

適用情景
文案策劃、腳本策劃、行銷策劃、畫面繪製、會議賦能等

使用該方法的好處
1. 跳出固有思路，使廣告更有新意
2. 激發讀者的想像力，鍛鍊創意能力
3. 更容易引起讀者共鳴

避開陷阱指南
盡量避免使用「5W」原則敘事

四　把靈感即刻抓住：靈感抓取法

公司的週年慶快到了，主管要求飛飛拍一支宣傳影片，展現充滿熱情和活力的企業氛圍。這可難倒飛飛了，她一天到晚坐在辦公室裡想策劃方案，實在想不出什麼可以突顯熱情和活力的元素。正煩惱著，同事小王頂著剛染的藍色頭髮走進來：「當初想藍髮很特別，就染了，以為不會撞色，結果染完後，特別注意一下路上，放眼望去，全世界都是藍髮女孩！」聽到同事小王的抱怨後，飛飛腦子靈光一閃：「平常我只專注於自己的工作，如果帶著這個任務在公司度過一天，會不會有不一樣的發現？」

心理學上有兩種效應：一種是「色彩浴」，即你關注什麼，就會看到什麼；另一種是「視網膜效應」，即當你擁有某種特徵時，你會不斷地關注身邊有相同特徵的事物，並不斷去證實它。廣告創意同樣存在一種對以上兩種效應進行延伸的法則 —— 靈感抓取法，即當你確定某個主題，有意識地抓取相關線索，便會發現身邊處處都是它，即使平常沒有留意到的事物，也會自動出現在你眼前。工作中常用這種方法展開定向性蒐集／練習，能夠更加集中精力，關注手上的任務，抓取靈感，提高個人工作效率。

四 把靈感即刻抓住：靈感抓取法

1. 注意力集中，只聚焦於一個點

首先，要根據專案需求鎖定主題，否則注意力無法聚焦，對工作也無從下手。比如，這次宣傳影片要展現充滿熱情和活力的企業氛圍，那麼主題就是「熱情和活力」。

2. 做個有心人，抓取一切相關的線索

確定好主題後，需要多留心身邊，感受和尋找與主題相關的一切線索。運用這種方法時，最好多上網瀏覽資訊，或多走動去感受世界。坐在位子上冥想是很難產生靈感的，要學會在日常生活中鍛鍊自己捕捉靈感的意識。

這一天，飛飛從上班到回家，都在心裡記掛著「熱情和活力」，果然發現了很多相關線索：

第五章　鍛鍊創意的五大工具

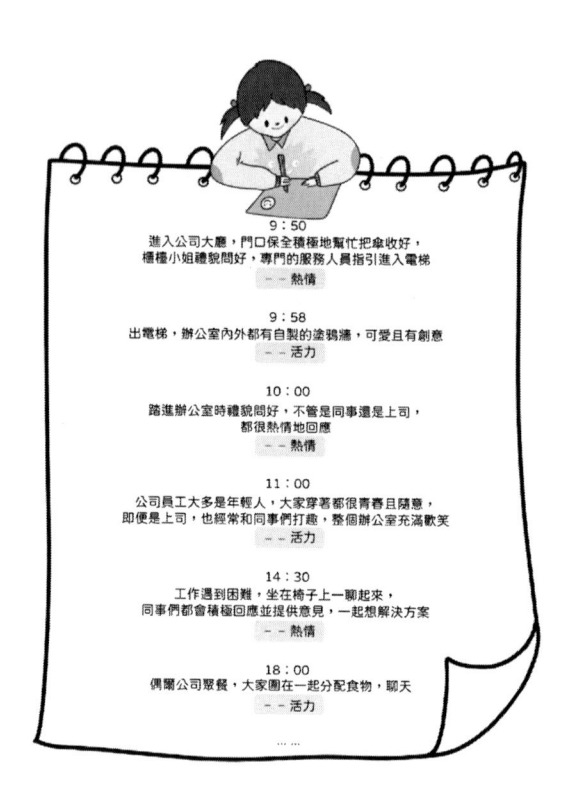

```
9：50
進入公司大廳，門口保全積極地幫忙把傘收好，
櫃檯小姐禮貌問好，專門的服務人員指引進入電梯
－－熱情

9：58
出電梯，辦公室內外都有自製的塗鴉牆，可愛且有創意
－－活力

10：00
踏進辦公室時禮貌問好，不管是同事還是上司，
都很熱情地回應
－－熱情

11：00
公司員工大多是年輕人，大家穿著都很青春且隨意，
即便是上司，也經常和同事們打鬧，整個辦公室充滿歡笑
－－活力

14：30
工作遇到困難，坐在椅子上一聊起來，
同事們都會積極回應並提供意見，一起想解決方案
－－熱情

18：00
偶爾公司聚餐，大家圍在一起分配食物，聊天
－－活力

……
```

3・把有用的線索進行有系統的串聯

飛飛開始留意某樣東西，只短短一天就發現如此多的相關線索，抓取了許多素材和靈感。接下來，她利用這一天的所見所聞所感，把線索整理好並串聯起來，運用在宣傳製作上。

於是，她把當天抓取的線索快速地記錄下來，整理好思緒後，又運用時間角度，把一幕幕情景串聯起來，做成了一則〈在×××上班是怎樣的體驗〉宣傳短片：進入公司大廳

→辦公室內外的塗鴉牆→踏進辦公室→員工穿著和日常聊天→公司聚餐→工作遇到困難時→……

看完宣傳影片後，同事們都覺得畫面情景非常貼近他們的真實日常生活，不由得更加認同公司的企業文化，而這個影片對外也產生了一定的宣傳效果，很多應屆畢業生因為看了該影片，而紛紛投遞求職履歷，夢想自己也能來這麼有活力的公司上班。

創意小練習

主題詞	線索
	假設你是一款牛奶沐浴露的產品經理，現在你需要製作一則廣告，展現產品的香氛氣息。請你採用靈感抓取法，尋找和感受身邊相關的一切線索。
香氛氣息	

第五章　鍛鍊創意的五大工具

創意法則卡

靈感抓取法

◉ **第一步：鎖定主題**
根據專案需求鎖定主題

◉ **第二步：抓取線索**
多留心身邊，在日常生活中強化敏感意識，尋找和感受與主題相關的一切線索

◉ **第三步：整理運用**
利用蒐集到的所見所聞所感，把線索整理好並串起來，運用在宣傳製作上

適用情景

文案策劃、腳本策劃、行銷策劃、畫面繪製、海報設計、會議賦能等

使用該方法的好處

1. 集中精力完成任務，提高工作效率
2. 激發無限創意和靈感
3. 更加關注生活中的事物，過得充實

避開陷阱指南

1. 提取的線索務必緊緊圍繞主題
2. 務必多加練習，把有意識轉化成無意識

五　空椅子上的千種故事：空椅法

　　一名新同事在見客戶的過程中不小心得罪了客戶。新同事悶悶不樂，認為客戶有意刁難她，但身為旁觀者的飛飛明白，這是新同事和客戶因立場不同造成的誤會。涉獵心理學的飛飛，想嘗試用心理學上著名的「空椅法」幫助新同事。

1・換個角色思考，世界便是另一番景象

　　空椅法起初是心理治療常用的方法。當事人內心有矛盾且無法調解時，諮詢師就在諮詢室放幾把椅子，代表他的衝突對象（可以是自己或他人）。在諮詢師的協助下，當事人透過角色扮演，表達自己的想法和感受，從而得到自己想要的回應。這種方法用在日常生活或工作中，不僅可以做到換位思考，較為全面地看待一件事，還可以想出更多創意。

兔：我來體驗一下青蛙的日常。

貓：我來體驗一下蝸牛的日常。

豬：我來體驗一下長頸鹿的日常。

2・如果我是他，我會怎麼想，我會怎麼做

對同一件事，不同的人從不同的視角看，會有不一樣的感受，如此看待問題才會更全面。坐上這把「椅子」，就「穿越」到這個角色上了，要充分共情，以這個身分思考「如果我是他，我會怎麼想，我會怎麼做」。

新同事覺得被客戶刁難，客戶則覺得這個新同事不專業，雙方都無法理解對方的意圖和困難點，如果使用「空椅法」進行換位思考，問題則會迎刃而解。

例如，被客戶要求退回方案、重新修改內容的同事，原本充滿厭煩：「如果推翻方案重來，需要協調公司多少人力和物力，同事們還會配合自己嗎……」

但一旦運用了飛飛提供的「空椅法」，站在客戶的角度去思考，就會發現，客戶並不是有意為難自己，只不過身為付費方，客戶自然希望對方能好好解決問題，且客戶上面也有主管，客戶需要把最好的結果呈送給主管。所以面對不滿意的方案，客戶自然會希望推翻重來，基於最佳效果，請對方拿出一版全新方案。

學會換位思考，才能更理解對方，而不只是在自己的「小天地」裡思考執行層面的艱難。這樣一來，創意人員不僅抱怨少了，並且有了正確的方向。

利用此法，我們不僅可以代入客戶，還能「換把椅子」，代入客戶的主管、自己的上司等，都會從不同角度獲得新感知。

3・腦力激盪，獲得各式各樣的創意點子

空椅法不僅可以讓我們學會換位思考，進行腦力激盪，還能獲得許多不錯的創意點子。

拿微醺飲料舉例，對上班族來說，週末微醺是他們最憧憬的美好時光：

對一個中年女人來說，和好姐妹喝微醺飲料、聊八卦，彷彿回到了少女時代；

對一個依舊少年的大男孩來說，沒什麼比和兄弟一起喝微醺飲料看世界盃更爽的了；

對一個勞累了一天的上班族來說，晚上在家喝微醺飲料，彷彿躺進了自己的世界……

透過角色分配，擁有不同的人物設定，你可以天馬行空地想像自己對這款產品的需求和幻想，也許能從中獲得許多意想不到的結果。

第五章　鍛鍊創意的五大工具

創意小練習

假設你是一款面膜產品的產品經理。請你用空椅法,設想一下:如果你是下面的這些使用者群體,你會對產品有哪些期待?	
身分	請填寫你的期待
女大學生	
職場女性	
母親	
男士	

五　空椅子上的千種故事：空椅法

創意法則卡

空椅法

- **第一步：確定核心**
  （盡可能分配與對方有矛盾或相隔較遠的角色）

- **第二步：極簡化**
  以這個身分思考「如果我是他，我會怎麼想，我會怎麼做」

適用情景

產品行銷、行銷策劃、文案策劃、日常溝通、會議賦能等

使用該方法的好處

1. 換位思考，站在相關利益方角度思考問題、解決問題
2. 為決策方案提出更多想法和創意
3. 產品更貼合使用者需求

避開陷阱指南

1. 務必沉浸式代入，充分共情
2. 務必使用第一人稱視角

第五章　鍛鍊創意的五大工具

第六章

創意的六大隱藏金鑰

第六章　創意的六大隱藏金鑰

你想獲得創意思維能力嗎？你知道創意有哪些祕密嗎？

可能你會發現，當介紹一個人時，如果說他充滿創意，大家對他的好感度便會大幅提升；而在各行各業的任何職位，勇於創新、打破常規、擅於提出自己獨特解決方式的人，總是格外容易被領導者器重，並能在工作職位上留下屬於自己的名字，擁有一番成就。

也許，你會覺得人工智慧再如何發展，也無法取代創意，在大數據智慧愈加發達的時代，擁有創意思維能力的人，才會炙手可熱。在未來，只有擁有創意思維，才能策劃出有效的解決方案，創意思維能力會變成一種普遍通用的能力，甚至擁有無限的、可幻想的、不可預估的巨大可能性……

看過本書，你應該明白，有美妙創意的人，肯定掌握了一些創意方法技巧。沒錯，不過他們還藏著六大金鑰特質，只有擁有這些特質，才能開啟一個創意。

一個好的創意＝自信＋方法論＋優秀特質＋靈感／洞察

相信你現在就迫切地想拿到這六大金鑰吧！請跟隨我來。

一　全然專注的沉浸狀態

當你竭盡全力時，神靈將會附身。

—— 稻盛和夫

正向心理學家契克森米哈伊・米哈伊在 2004 年提出「心流」一詞，指的是當人們沉浸在當下著手的某件事情或某個目標時，完全地投入，並很享受的一種精神狀態。

你只有全神貫注，才有可能進入心流狀態。你會覺得自己的能力被發揮到極致，更能吸收、創造。

怎樣才能達到心流狀態，做到全神貫注呢？

假設我們現在接到一個專案需求，不妨這樣做：

首先，啟動自己的身體。深呼吸，清理所有負面情緒，先堅信自己可以完成，並對自己說：「在接下來的時間裡，我要做的僅僅是面對這個專案內容本身，至於什麼客戶、什麼主管等各種其他看法，甚至品質都不重要，只有一個目標 —— 盡可能地浸泡在專案內容裡。」

完成這樣的內心設定後，你就可以按下開關開始進入，甚至可以為自己設計一些按開關的儀式，例如喝杯咖啡、打開輕音樂等，相關科學證明，有一些自己設定的小儀式，對開啟並投入一項工作，也是很有幫助的。

第六章　創意的六大隱藏金鑰

全身心　浸泡

好的,在接下來的時間裡,你只需看資料,感到好奇、有疑問、有興趣的,便去橫向檢索,拓寬理解即可。

範例如下:

正向心理學家契克森米哈伊・米哈伊在 2004 年提出「心流」一詞,指的是……

「咦?心流是什麼意思呢?我去查詢。」

「咦?正向心理學家,那麼正向心理學又涵蓋什麼呢?我去查詢。」

如此,完全陷進去,徹底消化你手頭的資料。

可能你會問:「消化完了,然後呢?」

對,有些專案的資料並不多,內容很少,即使你拓寬檢索也不會很龐雜,但有一部分資料不在「專案素材」的公開層面上,它藏在隱祕的角落,也屬於前置作業的一部分。你不妨選用以下切入角度,把這些「調皮鬼」找出來:

◆已有經驗：關於這個內容，你已有哪些經驗（以前實踐過什麼）？

◆他方經驗：關於這個內容，別人都怎麼做？

◆同事／專家交流：我去問問同事、朋友、專家等，看看他們有什麼看法？

◆客戶以往的風格習慣：我想看看這個品牌以前都做過哪些類型的創意，有什麼共同點？客戶的高階管理人員在公開場合的重要演講中說了什麼？公司策略方向又是什麼？

◆……

以上僅可幫你打開切入的視角，雖然不在專案素材裡，但也許比專案公開的資料更重要。

當你完全陷進去、全神貫注地消化完資料，一切就好了！

接下來，你就拋開這些去玩吧！想幹嘛就去幹嘛，請相信你的身體、你的腦袋、你的心靈，它們都對剛剛的浸泡產生了記憶，相信「手裡有把槌子，看見什麼都是釘子」，接下來你做的任何一件事，只要與此相關，它們都會跑出來告訴你。所以，接下來你只要放鬆就行，不用刻意去想創新，驚喜自會敲你的門。

不信？你可以試試看。

第六章　創意的六大隱藏金鑰

二　無限延展的關聯網

世上的事物是多樣的，事物的連結也是多樣的。

剛才說了全神貫注，現在你該開始做其他的事情了，可能在路上、在車上、在做別的工作、在帶孩子等。

這時，你要做的便是：有意識地去尋找關聯。

大家都說所謂創意不過是舊元素的新組合，而你現在所做的關聯，便是在重新組合。例如，你在路上看到綠葉，不妨想一下：「綠葉與香薰（假設你的專案是某款香薰）能否結合呢？」一點燃，滿屋子便瀰漫、散開清新的雨後綠芽的味道，足不出戶就能獲得春天。又如，你在車上，耳朵中無意聽見了幾個女生在聊咖啡，那香薰有沒有可能是咖啡的味道呢？一點燃，立刻讓人精神煥發……

以上僅為範例，你也可以嘗試一下。下面列幾個切入角度，供你嘗試：

二　無限延展的關聯網

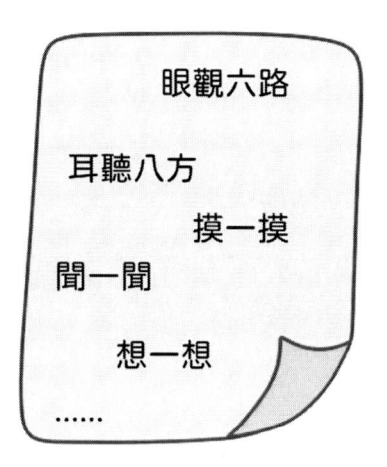

```
眼觀六路
耳聽八方
　　　　摸一摸
聞一聞
　　想一想
……
```

◆眼觀六路：盡可能觀察你能看到的一切，其實我們的眼睛能看到的資訊有很多，只不過我們的大腦沒有把它們歸於「被看到的事物裡」罷了，這便是有意識地看和無意識地看之間的差別。

◆耳聽八方：你聽到的各種聲音（八卦的聲音、鳥叫聲、喇叭聲等）。

◆摸一摸：你觸碰到的任何東西（安檢門、大門、貓貓狗狗等）。

◆聞一聞：你聞到的任何氣味（雨的味道、發霉的味道、樹木的味道、咖啡的味道等）。

◆想一想：回憶過往，構思未來。

◆……

第六章　創意的六大隱藏金鑰

　　把自己的感官全部打開，現在，你就是一個打開了所有感覺系統的捕捉器。行走在這個世界上，世間萬物都是你採集創意的靈感庫，對每樣東西你都可以想一想：「它和我的專案有什麼關聯嗎？沒有嗎？真的沒有嗎？」

　　想一想，再想一想，沒有關聯就創造關聯，說不定，偉大的創意便會從你這裡誕生！

三　擴散式思考

如果我有仙女棒，變大變小變漂亮。

——〈小叮噹〉歌詞

我們不僅可以關聯，還可以擴散，甚至可以擴散之後再關聯，關聯之後再擴散。

總之，要任性而隨意、自由地運用它們，把這個過程當作一種遊戲。

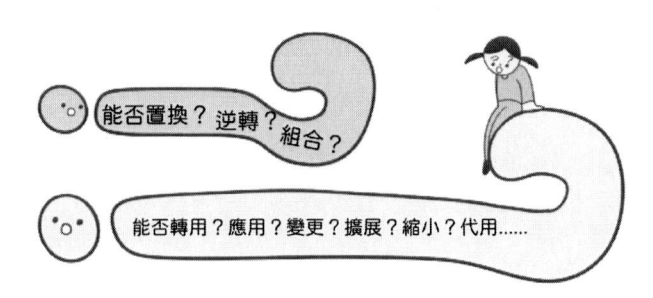

能否置換？逆轉？組合？

能否轉用？應用？變更？擴展？縮小？代用⋯⋯

這裡為大家奉上奧斯朋檢核原則（Osborn's checklist）：

(1) 能否轉用？（保持原狀能否找到新用途？）

(2) 能否應用？（有無相似之物？能否模仿？）

(3) 能否變更？

①變意義？

②變顏色？

③變運動軌跡？

④變氣味？

⑤變形狀？

……

(4)能否擴展？

①增大？

②變長？

③增加頻率？

④延長時間？

……

(5)能否縮小？

①縮小？

②變短？

③減量？

④壓縮？

……

(6)能否代用？（能否有代用的人或物？能否有代用的素材和場所？）

(7)能否置換？（能否交錯？能否改變順序？）

(8) 能否逆轉？（能否顛倒上下、左右或任務分配？）

(9) 能否組合？（能否合體、混合、組合？）

在短時間內，你無須記住這麼多，每次都可以翻閱檢視，每次都自問自答一遍，久而久之，這些延展問題也會變成你看待事情的慣性動作，靈感和創意便會很自然地流出來。

四　隨時捕捉的記錄習慣

生活中從不缺少美，而是缺少發現美的眼睛。

—— 羅丹（Auguste Rodin）

看到標題，你可能會覺得：「隨時隨地記錄」不算什麼特質和能力，因為誰不會記錄啊？會寫字就會記錄。

不，你錯了。

首先，你真的熱愛創意，你才會記錄；你才會對每一個微不足道的點子求之若渴；當你突然想到一個絕妙的想法時，你才會欣喜若狂！

如果沒有這種發自內心的熱愛，即使記錄下來，也僅僅是浮於表面，你只會在記完後，把紀錄紙塞在抽屜裡永久封存；只有當你有了這種熱愛，你才會反覆去翻看自己的紀錄，使用你所寫的點子，點滴想法匯成創意之河，才能成為一個完整的、有價值的作品，才真正有意義。

有了記錄的原動力後，你用自己最舒服的方式記錄下來即可。以下工具僅供參考，選用標準就是看哪個能讓你最有效率、最便捷：

四　隨時捕捉的記錄習慣

(1)手機自帶的備忘錄：相信我，這個就足夠了，高價≠高效能，一些花俏、外觀美麗的付費App，還不如簡單的備忘錄有效率，記錄點子時越簡單越好，不要被各種小裝飾分心。如果有照片，備忘錄App也能插入照片，並進行備注。

(2)手機自帶的原相機：用原相機記錄靈感就足夠了，沒必要扛單眼相機，因為靈感或想法會隨時隨地產生，輕裝上陣即可。

(3)手機自帶的錄音軟體：如果很忙，你可以用語音錄入零碎想法，邊走邊說、邊記錄，也可以錄一些聲音，如鳥叫蟲鳴。

(4)小本子：如果你對紙質很有感覺，可以隨身帶個小本子，最好是可以放入口袋的那種尺寸，便於塗塗畫畫。紙質的好處在於，你能透過看到自己的筆跡，回想當天的情緒。

第六章　創意的六大隱藏金鑰

（5）創意點子群組：我與朋友們建了一個點子群組，大家經常在裡面交換想法，其好處在於：首先，可以有互動資訊，說不定哪位同事對你的想法有不同的看法，或不同的碰撞，就會激發出你的創意火花；其次，便於對聊天紀錄進行搜尋。

……

除了以上方式，你也可以選擇自己習慣的方法，總之，記錄不要停，越記錄越有創作手感。

最好一週進行一次整理，進行「斷捨離」，保留你心目中最絕妙的創意。

五　收放自如的掌控力

> 時間給空想者痛苦，給創造者幸福。
>
> ── 麥肯錫（McKinsey）

這裡所謂的創意，便是有創新的想法，並且得以實行。執行力很重要，也就是要掌控「擴散」之後「收」回來的能力。

上文論述了擴散性的能力，而這裡便要考究「收」的智慧了。

最理想的狀態就是突然有了一個絕妙的想法，連你自己都覺得「太對味了！就這麼做吧！」那麼自然會「收」。但如果這個想法一直沒出來，或者想法太多，沒有哪一個特別突出呢？

這時候，你要學會喊「停」了！有時候，你要相信 deadline（最後期限）也是一種生產力，再多給你兩個小時，也未必能高品質地完成。

第六章　創意的六大隱藏金鑰

擴散、打破常規的能力是高難度的。

收的能力一點也不容易，需要思考包括但不限於以下問題：

(1) 定義問題：目前我們解決的是什麼問題？

(2) 找尋本質：本質上又是什麼問題（往往一個問題背後藏著另一個根源性的問題）？

(3) 盤點條件：我們的受限條件有哪些？

(4) 定目標：我們的目標、期望值又是什麼？有沒有可能在有限條件下完美、甚至超額實現它（戴著鐐銬跳舞，還跳得漂亮）？

(5) 找資源：如果要實現，使用你想的這個創意，那麼需要獲得什麼資源或幫助？

(6) 滿足各方訴求：從多方視角來看，這個創意效果如何？客戶期待的方向是這個嗎？使用者呢？

(7) 遵循法規或社會常理：必須考量一些法規（廣告法規等多方面）及大眾社會心理（有無挑戰人性，引起不適，引導輿論，引起歧義、反感等）。

……

藝術家可以不在乎眾人的看法，可以不以功利為目的，可以只講求情緒的迸發。

但是，做商業創意的人不能像藝術家那樣「清高」，其工作內容既有藝術的部分，也有科學實用的部分，無法解決實際問題的創意，會失色不少。因此，做創意一點也不比藝術容易，需要更多擴散性思考，也需要有更多方面的考量。

六　合作共創的開放心態

當你更能鼓勵他人運用創造性思維，像一個放大者一樣領導你的團隊，那麼你的團隊就會為你帶來對團隊長遠目標而言，意義非凡的新鮮觀點。

——韋斯曼（Wiseman）與麥克恩（McKeown）

根據上文的對比，藝術家可以自己獨立完成一項創作，但商業創意可不行，商業創意需要多方的合作共同執行。

親愛的讀者，你未必從事與創意相關的工作，但是在當今這個網路高度發展的時代，大部分工作或多或少會與創意打交道。你或許是一個產品經理，要跟 UI 溝通設計思路；你或許是一名老師，經常會涉及製作一些吸引學生關注的教學PPT；你或許是個部落客，定選題、寫文案、定標題、排版等整個流程，都要與創意掛鉤⋯⋯

六　合作共創的開放心態

　　在這個幾乎每個人都會和創意接觸的時代,合作力也是創意實現的一項重要能力。

　　著名數學家陳景潤一生致力於哥德巴赫猜想(Goldbach's conjecture)的驗證:1+1=2。今天越來越多企業著眼於創新工作方式、創新技術與創新業務,在本質上,我們需要將商業應用情景與新創意更加結合,我們的前行,需要創意思路提供者與創意技術人才的加持和貫通,我們始終要有一種相加的意識,尋找相加的結合點,思索我們自己去加和被加的結合點,發揮自己的潛力,突破自己,這樣的「1+1」才能大於 2。

　　因此,如果你想出一個好點子,請勿直接甩給執行團隊,而應以一種包容、開放、請教的方式,諮詢執行人員的想法,說不定他們在其領域中有更為高明的創作實行方式。

　　只有將各自領域的優勢和創意相加,最終實行的創意之花,才能豐盈美麗。

／第六章　創意的六大隱藏金鑰

後記

看到此處,你的創意工具學習之旅便結束了。

但從實用的角度來看,這可能只是啟程而已,希望你把工具卡都裁剪下來,像武功招式那樣放在身邊,以便隨時檢索,學以致用。

你甚至可以設定一個小目標,嘗試將書中的每個方法都實踐一遍,只有親身實踐,才是真正的學習吸收。

此外,我還希望你看完這本書時,能預設自己是一個

後記

「懂創意」的人。

為什麼要這麼想呢？因為只有當你對「創意」不再懼怕，不再只是遠遠觀看時，你才能真的觸碰到創意本身。

記得在不久前，我說不出「我想當一個創意人」這個理想目標，儘管我內心嚮往各種美妙的創意，這個理想也是內心真實存在的，仍舊說不出口，一直對「創意」二字有所敬畏，甚至把它看得遙不可及。

直到我一頭栽進創意之河去游泳、鑽研，直到本書完結，我終於能完全依靠實際成果說服我自己，並驗證了最初的推論：創意的確並非僅靠天賦或靈感，也有方法論可後天學習獲得。

「人家可能只是很有天賦、人家只是突然靈感來了」之類的話，可能只是對自己無法實現創意的安慰劑，這改變不了現狀，能改變現狀的，只有人人都可以擁有創意的堅定信念。

因此，只要你相信自己也可以成為創意達人，堅持用本書的方法論去實踐，頻繁做創意輸出，你便能打開你的「風火輪」。越相信自己，輔之以工具，越能創造更多新成果，有了成功實踐，便更加相信自己有創意，又由於長期練習，方法論已形成肌肉記憶，創意會越發如魚得水；而越放鬆，靈感便越會如泉湧，正是這種正向循環，助你成為一個越來越

棒的創意達人。

　　士別三日，當刮目相看。試想一下，當你學有所成，而那些對創意懷有憧憬與敬畏的同事可能還站在原地，現在變成憧憬和羨慕你了，他們也許會開口酸酸地、戲謔地說：「可能他有天賦，而我沒有吧！」

國家圖書館出版品預行編目資料

圖卡創意法則，觸發全方位創新思考：角色轉換 × 拆解概念 × 思維訓練……「靈感」不是天外飛來，練習在不同情境中都有神來一筆的創新思維！/ 張燕玲，郭蓋，范一葉 著 .-- 第一版 .-- 臺北市：財經錢線文化事業有限公司, 2025.09
面；　公分
POD 版
原簡體版題名：創意法則圖卡：創意工具實用包
ISBN 978-626-408-378-2（平裝）
1.CST: 創造性思考 2.CST: 思維方法
176.4　　114013015

圖卡創意法則，觸發全方位創新思考：角色轉換 × 拆解概念 × 思維訓練……「靈感」不是天外飛來，練習在不同情境中都有神來一筆的創新思維！

作　　　者：張燕玲，郭蓋，范一葉
發　行　人：黃振庭
出　版　者：財經錢線文化事業有限公司
發　行　者：崧燁文化事業有限公司
E - m a i l：sonbookservice@gmail.com
粉　絲　頁：https://www.facebook.com/sonbookss/
網　　　址：https://sonbook.net/
地　　　址：台北市中正區重慶南路一段 61 號 8 樓
8F., No.61, Sec. 1, Chongqing S. Rd., Zhongzheng Dist., Taipei City 100, Taiwan
電　　　話：(02) 2370-3310　傳　　　真：(02) 2388-1990
律師顧問：廣華律師事務所 張珮琦律師

-版權聲明-
原著書名《創意法則圖卡：創意工具實用包》。本作品中文繁體字版由清華大學出版社有限公司授權台灣崧燁文化事業有限公司出版發行。
未經書面許可，不得複製、發行。

定　　　價：299 元
發行日期：2025 年 09 月第一版
◎本書以 POD 印製